JN087966

おひとりからのひみつの京都

カリスマ案内人が教える48の歩き方

柏井 壽

SB新書
537

はじめに

ぼくがいわゆる京都本を初めて書いたのは平成十四年、西暦二〇〇二年のことでした。二十年近く前になります。そのときは京料理をテーマにして書いたのですが、まだ今ほどには京都の食が認知されていないころでした。

それから何冊か京都にまつわる本を出版してきましたが、もっとも大きな反響をいただいたのは平成二十一年に刊行した『おひとり京都の愉しみ（光文社新書）』でした。国内旅行がブームになりはじめ、ひとり旅も人気を集めるようになった、ちょうどいいタイミングだったのでしょう。

どこかしら遠慮があったのか、ひとり旅の京都は敬遠されていたのが、これ以降は多くの方が実践されるようになりました。

ひとり旅のみならず、京都を旅先に選ぶ方は右肩上がりに増え続け、インバウンドの隆盛もあって、飽和状態を迎えようとしていた、まさにそのとき、思いもかけない事態が起こりました。新型コロナウィルスの蔓延です。

これを書いている時点では、まだ令和二年の数字は発表されていませんが、観光客数はきっと激減しただろうと思います。

オーバーツーリズムとも言われたのが嘘のように、京都の街はしんと静まり返りました。この先どう推移していくのか、まったく予想もつきませんが、平静を取りもどした京都は、ある意味で本来の姿に立ち返ったとぼくは思っています。

かつては、うんざりするほど長かった行列もほとんど見掛けなくなり、あれほど予約の取りづらかったお店も、今ならすんなりと席が取れます。

なによりありがたいのは、お寺や神社などの観光スポットが閑散としていることです。いつもひとであふれ返っていた、あの『伏見稲荷大社』の千本鳥居ですら、ひとがいない時間をねらって写真を撮れるほどです。

これがほんとうの京都です。

心静かにお庭を見、追い立てられることなく仏さまのお姿を見上げる。それでこそ、どうぞ京都へお越しくださいと言えるのです。

おひとり京都の愉しみをお奨めしたのは十二年前の丑年。そのあいだに極まった混雑が、ちょうど干支がひと回りしてリセットされたように思います。

もちろん感染予防対策に万全を期したうえで、という大前提が付きますが、思う存分京都を愉しむ絶好の機会が訪れたというと、言葉が過ぎるかもしれません。

そんな思いを交錯させながら、今だからこそ愉しめる京都を一冊にまとめました。

密を避けて少人数、できればおひとりで静かに愉しんでいただくのが一番です。

時期尚早と思われるなら、バーチャルでお愉しみいただくのも一興かと思います。

思いだけを京都で遊ばせることもできるように綴りました。

実際に京都を旅されるなら、一刻も早い収束を祈る旅にしましょう。京都は幾度となく疫病をはじめとする災厄に見舞われ、それを祈りで克服してきた街なのですから。

ようこそ京都へ。

第一章

京都の知られざる顔に出会う

第二章 京都の美味を堪能する

第三章 京都の多様な食文化を巡る

第四章 京都の奥深い歴史を学ぶ

第一章 京都の知られざる顔に出会う

1 京都歩きの法則を学ぶ

京都は歩く街です。歩くことで愉しみをたくさん見つけられるからです。細道や路地など、車はもちろんのこと、自転車でも入りこめないようなところに、古い歴史が潜んでいるのが京都という街なのです。

以前は自転車をお奨めしていたのですが、四条通のように歩道も車道も自転車禁止の通りもありますし、放置自転車の撤去もひんぱんに行われ、停める場所にも難渋するようになりましたので、京都を自転車で探訪するのは控えたほうがよさそうです。やっぱり歩くのが一番です。中心部はバスや地下鉄などの交通網が発達していますから、歩き疲れたり、雨で困ったときは乗り物に乗ればいいのです。

さて、京都の街なかを歩こうとすると、まずは地図が必要ですね。紙の地図よりも、最近はスマホやタブレットの地図を利用することも多く、ディスプレイを見ながら歩く人をしばしば見かけますが、ときには危険を伴うことがあるので控えたいものです。

東大路、北大路、西大路、そして九条。四つの大路で囲まれた、いわゆる京の街なかは、ほぼ碁盤の目に整備されているので、大きく外れて道に迷うことはありません。

京都の街歩きに最もたいせつなのは、方位と通りの名前です。京都の街なかを歩くのに、住所番地はほとんど役に立たないと思っていただいたほうがいいでしょう。

たとえば、京都で最もすぐれた旅館Tを訪ねようとして、道行く人に、〈中京区中白山町二百七十八番地〉と告げて訊ねても、おそらく誰も、それがどこのことを指すのか分からないだろうと思います。京都に生まれて七十年近くになるぼくでも、ちんぷんかんぷんです。きっとそれはタクシーの運転手さんもおなじでしょう。

でもそれを、〈麩屋町通《ふやちょうどおり》、姉小路《あねやこうじ》上る〉と言い換えれば、タクシーの運転手さんはもちろん、地元京都人なら小学生でも、その場所への辿り方を教えてくれるはずです。

日本広しといえど、これほどに通りの名前が浸透し、役立っているのは京都をおいて、他にはないのではないでしょうか。

それを象徴するのが、通りの名前を覚えるためのわらべ歌〈まるたけえびす〉です。

――丸竹夷二押御池　姉三六角蛸錦　四綾仏高松万五条――

京都に住む子どもたちは、誰もが、物心ついたころから、この歌を口ずさむようになります。それは親から教わることもあれば、友だちどうしで自然と覚えることもあります。

京都市内の中心地を通る、東西の通りを北から順にたどる歌。それは丸太町通から始まり、竹屋町通、夷川通《えびすがわどおり》、二条通へと続き、五条通で終わります。これはしかし、子どもにも必要と思われる、最低限の中心部に限られた部分で、本来は、このあとも続くのです。

——雪駄ちゃらちゃら魚の棚　六条三哲通りすぎ　七条越えれば八九条　十条東寺でとどめさす——

雪駄屋町通、鍵屋町通、魚棚通と続き、最後は東寺道で終わりますが、ここまでを諳えるひとは京都にも少ないでしょう。

住むとなると話は別ですが、京都を旅する方なら丸太町から五条くらいまでを覚えておけば、街歩きには充分でしょう。ぜひ〈まるたけえびす〉を覚えてください。

ほかに、南北の道を覚える歌もあるにはあるのですが、ほとんど普及しておらず、京都人でもこれを歌えるひとはほとんどいません。

——寺御幸　麩屋富柳　堺高間　東車屋町——

節が付きにくく、抑揚を付けて歌えないので、普及しないのも当然でしょう。

普及しないもうひとつの理由。それは東西の通りほどの必要性を感じなかったからです。中心部の東西幅はさほど広くなく、かつ、東山と西山を見上げれば、おおよその位置が推しはかれ、細かな通りを覚えずとも、街歩きには不自由しなかったから、南北の通りの名を覚える歌が普及しなかったのだと思います。

通りの名とともに覚えておきたい、京都歩きに役立つ言葉があります。

それはわずかに四つ。上る、下る、東入る、西入る。

京都は南北にかなりの高低差があり、それゆえ、北に行くことを上がる、南に行くことを下がると言います。東西は、入るという言いかたをします。

たとえば京都を代表するデパート『大丸』なら、四条烏丸東入る。これだけで場所が特定できるのですから分かりやすいことこの上ありません。

何丁目何番地なんていう表現は覚えなくてもいいですし、そもそもそういう表記はほとんどありません。南北と東西の通りの名前、上がる下がる、東入る西入る、という言いかたさえ覚えておけば、京都の街なかは不自由なく歩けるはずです。それもこれも、洛中は条坊制の名残でもある碁盤の目になっているからです。

比較的、高層ビルが少ないことも道に迷わない理由のひとつです。山がないのが南、比《ひ》叡山《えいざん》のあるほうが東、それを覚えておけば方角を見極めるのに役立ちます。

京都は探す街ではなく、見つける街です。知らないところを歩き回って、細道や路地に入りこんでください。思いがけないものが見つかり、佳い出会いもきっとあるはずです。

2 京都の市バスを使いこなす

東京や大阪、名古屋のような大都市に比べると、京都はほんとうに小さな街です。京都市の地図を見ると、東、北、西の三方を山に囲まれた街だということがよく分かります。

盆地のなかに作られた小さな街には、南北の烏丸線、東西の東西線と、縦横二本の地下鉄があるだけで、あとは郊外へと通じる叡山《えいざん》電鉄と、嵐電《らんでん》が走っていますが、さほど長い路線ではありません。

となると必然的に、街なかを移動するには路線バスを使うことになります。

ほかの都市ではどうなのか分かりませんが、京都という街では、路線バスをうまく使いこなせば、縦横無尽に街なかを移動でき、京都観光に大いに役立ちます。

Ｓｕｉｃａなどの交通系ＩＣカードも使えますが、お得になるチケットもいくつか発売されていますから、事前に調べておいて、目的に見合ったチケットを賢く使いこなしたいものです。

一日だけではなく、何日か滞在する場合や、たびたび京都を訪れるという方なら、〈トラフィカ京カード〉が便利でお得だろうと思います。

ぼくも京都市内を移動するときには、この〈トラフィカ京カード〉を使っていますが、有効期限がなく、バスや地下鉄を乗り継いだときに割引サービスを受けられるので重宝しています。

おなじ日であれば、バスと地下鉄を乗り継いだ場合に百二十円が割り引かれ、バスとバスの場合は九十分以内であれば、おなじく百二十円引きになります。この割引制度は交通系ICカードでも適用されるのですが、〈トラフィカ京カード〉は一割お得な金額で購入できるので、更に割引率が高くなる計算です。千円カードは千百円分、三千円カードは三千三百円使えるのです。

この割引カードを使って市内をバスで移動しましょう。と、以前にもお奨めしていたのですが、インバウンド全盛時には、あまりに乗客が多すぎて満員通過が常態化していたので、近年はお奨めしないようにしていました。けれども海外からのお客さんが激減した今なら大丈夫です。

それでは、どの系統の市バスに乗ればいいかを検討してみましょう。

もちろん、その使いこなし術を詳細に記したガイドブックも発行されていますし、交通局の案内所で訊ねれば、懇切丁寧に教えてくれますが、ざっくりと覚えておきたいのは、京都市内観光には二百番台の循環系統が便利だということです。

　かつて京都の街なかには京都市電と呼ばれる路面電車が、縦横無尽に走っていました。主な道路の真ん中をのんびりと走り、乗り換えも便利で、この市電さえあればどこへでも行けたように記憶します。なにしろ一九六〇年代の半ばには、総延長が七十キロを超えるまでの路線網が敷かれていたのですから。

　一九七八年、昭和五十三年に京都市電はすべて廃止されてしまいましたが、本当にもったいないことだったと思います。

　河原町荒神口《こうじんぐち》に生まれたぼくは、五系統をよく使っていましたし、ちょっと足を延ばすときには六系統に乗っていました。

　モータリゼーションの波に押されて廃止された京都市電を惜しむ気持ちの表れでしょうか。ひと桁台だった市電の系統に二百を加えることでおなじような路線を踏襲しているのです。

　二百五系統の市バスは、京都市内のメインストリートとも言える河原町通、北大路通、西大路通、七条通を主な通りとして循環しています。ＪＲ京都駅を起点とするなら、時計回りと、反時計回りの両方があって、目的地に応じて乗り分けます。

二百五系統で訪ねられる観光スポットはたくさんあります。『渉成園《しょうせいえん》』、『京都御苑』、『下鴨神社』、『大徳寺』、『今宮神社』、『船岡山』、『金閣寺』、『平野神社』、『北野天満宮』、『京都水族館』と、主なスポットだけでもこれぐらいあります。

二百五系統の循環円を少し東にずらしたのが二百六系統です。北と南はほぼ同じようなルートを辿りますが、東側が東大路通、西側が千本通を通るので、こちらも観光巡りには便利な路線です。

二百六系統を使って訪ねることができる観光スポットもあげてみましょう。『国立博物館』、『三十三間堂《さんじゅうさんげんどう》』、『清水寺』、『安井金毘羅宮』、『八坂神社』、『知恩院《ちおんいん》』、『平安神宮』、『熊野神社』、『知恩寺』などです。

これはしかし、ほんの一例にすぎません。ほかにも二百番台は二百四、二百七、二百八と京都市内を循環していますし、一号から九十三号系統まで、市内を網の目のように市バスが走っています。

目的地を決めて、それに沿った系統を選ぶのもいいのですが、循環系統なら停留所にやってきたバスにふらりと乗ってみるのもお奨めです。どこへ連れて行ってくれるのか、ワクワクしませんか。乗っているだけでも愉しめる京都市バスをうまく活用しましょう。

3 洛北花脊『美山荘《みやまそう》』に泊まる

京都を訪れて、さてどこに泊まるか。大きな問題ですね。近年たくさんホテルができましたから、選択肢は数多くあります。でも、せっかくの京都だから旅館に泊まりたい。そう思われる方も少なくないでしょう。そんな方にお奨めしたいのが、市街地を離れた鄙の里泊まりです。

ご自分で車を運転される方なら京都駅でレンタカーを借りるのがお奨めです。ゆっくりドライブを愉しみながら洛北花脊の里まで辿れます。タクシーを奮発する手もありますし、本数は少ないのですが、のんびりと路線バスを使って行くのも悪くありません。

お昼過ぎまで京都市街を観光したら、地下鉄烏丸線に乗って午後二時半ごろまでに北大路駅まで行きます。十四時五十八分に北大路駅を発車する京都バス三十二号系統『広河原行』に乗るためです。一日四往復しかしませんから、くれぐれも乗り遅れのないようご注意ください。

カーブが続く山道を走ること一時間二十分ばかり。おおむね夕方四時半前に『大悲山口』に着くと、宿からお迎えが来ています。必ず宿に予約をしておきましょう。

寺谷川沿いの細道を五分ほど走れば、目指す『美山荘』の玄関口に着きます。

ずいぶん遠くまで来たように思いますが、実はここも京都市内なのです。住所で言えば京都市左京区花脊原地町なので、村ではなく、れっきとした京都市内の町です。

いろんな意味で、京都は実に奥深いということの証左でもあります。碁盤の目になった洛中も京都なら、修験道の場でもあるこの地もまた京都。そのことは宿のなかに一歩入っただけで実感できます。場所は鄙の里であっても、この宿のそこかしこに流れている空気は、雅な京都を垣間見せる、優美な洗練に包まれているのです。

『美山荘』の奥に建つ古刹『峰定寺《ぶじょうじ》』は十二世紀に開創された、修験道の山寺です。古く『美山荘』はこの古刹の宿坊だったと言いますから、凛とした雰囲気を感じさせるのも当然のことなのかもしれません。

人はなぜ京都に魅かれるのか。実はその答えはこの宿に潜んでいるのではないか。『美山荘』を訪れるたびにそう思います。

鄙と雅。一見すると相反するような両者が、ここではみごとに一体となっているのです。もちろん洛中の雅とは趣を異にしますが、鄙の里にありがちな野暮ったささはなく、宿のなかはすべて素朴な洗練に満ち溢れています。

豪華絢爛を誇るようなことはいっさいありませんが、調度や設えは美しくも贅沢に整えられています。

『峰定寺』へと通じる参道の両側に、『美山荘』の母屋と離れが建っていて、離れに泊まります。離れと言っても今どきの流行り宿のような、広さや設備を誇るものではなく、瀟洒という言葉がぴたりとはまる、小ぢんまりとした客室です。客室にお手洗いは付いていますが、お風呂はありません。寺谷川を間近にのぞむ交代制の貸切風呂が設えてあります。泊まり客は空いた時間に湯浴みをするのですが、これがなんとも気持ちいいのです。もちろん温泉などではありませんが、身体の芯から温もる湯に浸かっていると、まるで清流に身をまかせているような、ゆったりとした気分になります。

『美山荘』では、母屋のほうを〈山の棟〉、離れのほうを〈川の棟〉と呼んでいるのですが、その名が示すとおり、離れの客室はお風呂とおなじく、寺谷川のせせらぎがすぐ傍を流れています。深い山のなかですから、さらさらと流れる川音が心地よく耳にこだまします。あとは山鳥の鳴き声ぐらいで、余計な雑音はいっさい耳に届きません。それだけで心は静かに、安らかに落ち着くのです。

ぼくが一番好きなのは〈山椒〉という客室で、吉野窓から眺める清流は唯一無二といってもいいような絶景です。網代に仕立ててある天井は小間の茶室を思わせる造りで、きりっとした空気が流れるさまは、山椒という名にふさわしい凛々しさです。

食事は〈山の棟〉で摂ることになるので、頃合いの時間になると、下駄の音をカラコロ鳴らして石畳を踏みしめます。

広々とした広間、囲炉裏型のカウンター席、どちらとも決めがたい魅力があります。いずれにせよ、出される料理は、ここでしか味わえない〈摘草料理〉。先代主人が考案し、日本中、いや世界中の食通たちの舌を喜ばせてきた料理です。

その名のとおり、宿のまわりに自生する植物を主人自らが摘み取り、素材の旨みを最大限生かして調理するのですから、テロワールなどという言葉では軽すぎるほど、滋味あふれる料理です。ああ、生きていてよかった。自然とそんな言葉が口をついて出るのはいつものことです。

あるがままの自然と、人の手で生み出される洗練。その絶妙とも言えるバランスが、この宿の真骨頂。洛中から遠く離れ、この地ならではの恵みをいただき、せせらぎを枕にして眠る。ここは京の桃源郷なのです。

〈山椒〉の部屋にある吉野窓から眺める清流は唯一無二

4 洛陽十二支妙見《らくようじゅうにしみょうけん》を回る

妙見さんをご存じですか？

妙見？　ＷＨＯ？　と首をかしげる方も少なくないかと思います。なんとなく聞き覚えはあるけど、見たこともないし、どういういわれがあるのか知らない。たいていの方はそんな感じじゃないでしょうか。かく言うぼくもおなじくでした。

京都のすぐお隣の大阪府に妙見山という山があって、紅葉の名所としてよく知られています。混みあう京都を避けて妙見山へ紅葉狩りに、という方も少なくありません。そしてその妙見山が、妙見信仰のサンクチュアリであることもなんとなく知っていたのですが、京都にはたくさんの信仰の聖地があるので、わざわざ足を運ぶこともないなと思っていたのです。

それが木彫りの妙見像をネットオークションで入手し、今では朝な夕なに祈りを捧げるようになったのですから、出会いというのは本当に不思議なものです。

きっかけは『下鴨神社』の境内〈糺《ただす》の森〉で開かれていた夏の古書市でした。

平成が終わり、元号が令和に代わろうかというとき。ずらりと並ぶ古書店を巡っていて、一冊の古びた小冊子が目に入りました。

八つ折になった小冊子は横五センチ縦十センチほどの、手のひらにおさまるサイズですから、きっとこれを持ち歩いて巡拝したのだと思います。〈妙見宮二十一ケ所巡拝記〉と墨書された表紙は、ところどころ破れていましたが、なかを開いてみると、妙見さまとゆかりの深い京都のお寺が二十一カ所列記されているのです。

天保十五年に発行と記されたこの小冊子には、よく見知ったお寺もありますが、聞いたこともないお寺もたくさんあります。西暦に直すと一八四四年ですから、百七十年前のもの。その間に京都もすっかり様変わりしてしまったのでしょう。

少々値は張りましたが即決で買って帰り、いろいろ調べてみると、古くから京都をはじめ、日本各地で妙見巡りという風習があったようで、しごく身近な存在として妙見さまがおられたことが分かりました。

とりわけ江戸時代の中ごろからは〈洛陽十二支妙見巡り〉が都人のあいだで大人気になったとのこと。長く途絶えていた風習が先年復活し、隠れた京都観光として、じわじわと人気が出てきました。

最初の質問に戻りましょう。

そもそも妙見さまとは、どんな存在なのでしょうか。

正しくは妙見大菩薩と言い、北極星、北斗七星を神格化した菩薩さまのことです。北極星、北斗七星はあらゆる星の王さまと言われていますから、広い宇宙のすべての運気を司り、支配しておられる菩薩さまなのです。どうです？　ちょっとすごいでしょ。なにしろ宇宙すべて、なのですから、天下無敵と言ってもいいでしょう。

京都には数え切れないほど多くのお寺や神社があります。それらを参拝するのに、何かしらテーマを持つと巡りやすくなります。ご自分の趣味や興味に合わせるのも一法ですね。たとえば幕末の歴史がお好きな方でしたら、幕末の志士ゆかりの寺社を順に巡るとか。

あるいは目に見えるもの。写真に撮りやすいものに絞り込むのもいいかもしれません。今ふうの言葉で言うなら〈映え〉狙いでしょうか。

たとえば狛犬などはいかがでしょう。山門や鳥居の前で左右両側に控えている、狛犬と呼ばれる一対の動物は、多くが阿吽《あうん》を表した獅子ですが、ほかにもたくさんの動物がいます。もっともよく知られているのは狐ですね。『伏見稲荷大社』を訪ねると、たくさんの狛狐が目に入ります。そして、どれもがおなじ狐ではなく、それぞれ顔つきや表情が違うのにも注目するとおもしろいですよ。

ほかにも個性的な動物を狛犬代わりにしているところはたくさんありますが、話を妙見巡りに戻しましょう。

〈洛陽十二支妙見巡り〉をお奨めする最大の理由は、干支と照らし合わせることができる点です。本来は方角と符合しているのですが、ご自分の干支はもちろん、思いを寄せるひと、たいせつなひとの干支に合わせてお参りすれば、きっとご利益があるだろうと思います。もしくは、子から始めて亥まで十二支妙見さまを順番にすべて巡拝されれば、満願成就するやもしれません。それぞれの妙見さまでは御朱印も用意されているようですから、それを集める愉しみもありますね。

子	北	**善行院**《ぜんぎょういん》	京都市上京区	**丑**	北北東	**本満寺**《ほんまんじ》	京都市上京区
寅	東北東	**道入寺**《どうにゅうじ》	京都市左京区	**卯**	東	**霊鑑寺**《れいかんじ》	京都市左京区
辰	東南東	**満願寺**《まんがんじ》	京都市左京区	**巳**	南南東	**日體寺**《にったいじ》	京都市東山区
午	南	**本教寺**《ほんきょうじ》	京都市伏見区	**未**	南南西	**法華寺**《ほっけじ》	京都市下京区
申	西南西	**慈雲寺**《じうんじ》	京都市下京区	**酉**	西	**常寂光寺**《じょうじゃっこうじ》	京都市右京区
戌	西北西	**三宝寺**《さんぼうじ》	京都市右京区	**亥**	北北西	**圓成寺**《えんじょうじ》	京都市北区

〈洛陽十二支妙見〉は、この十二のお寺です。

5 『六曜社《ろくようしゃ》珈琲店』で珈琲とドーナツを味わう

平成から令和に代わってすぐ、時ならぬコーヒーブームが到来しました。

日常の飲み物であるコーヒーがブームになるというのも、ちょっと不思議な気もしますが、しばらく前には日本茶ブームというものがありましたから、考えてみればさほど不思議なことではないのかもしれません。

こういう普通のものがいきなりブームになると、多くの方はこれを極めようとされます。コーヒー豆の種類、焙煎の方法、抽出のしかたなど、いろんなバリエーションがありますから、それぞれが極め方を競い合うようになります。いわゆる、こだわり、という言葉が巷にあふれるようになりますね。

こだわりという言葉は、ひとをテツガク的にします。誤解を恐れずに言えば、こだわりという言葉によって、ひとは自己陶酔に陥るのです。

いっときの蕎麦ブームがその典型だったように思います。蕎麦粉の産地や挽き方からはじまり、茹で方、切り方、ツユの味、さらには食べ方まで。蕎麦通と呼ばれる人たちが、みずからのこだわりを主張し合います。蕎麦はこうでなくてはならないと。

最近のコーヒーブームもこれによく似た様相を呈してきました。

京都の街なかでも、バリスタと呼ばれるひとたちが目立ちはじめました。

バリスタというのは元はイタリア語で、バールと呼ばれる、日本でいうところのカフェバーで働くひとたちを指す言葉で、狭い意味ではエスプレッソマシンを使ってエスプレッソやカプチーノを淹れるプロのことだそうです。

でも日本ではエスプレッソ以外のコーヒーもたくさんありますので、いつの間にか、コーヒーを淹れるひと、すなわちバリスタとなってしまったようです。

その日本のバリスタは、本場イタリアとは違って、むずかしい顔をしてコーヒーを淹れることがおおいですね。ドリップ、サイフォンなどと向き合うときは、テツガクしておられるのでしょう。それを間近にするお客さんも、蕎麦道とおなじようにコーヒー道を極めんとなさっておられます。

そんなコーヒーとは対照的に、コーヒーそのものよりも、お店の雰囲気を愉しむためのお店が古くから京都にはたくさんあって、それらの多くは珈琲店と名付けられています。

代表的なお店が『六曜社珈琲店』。京都一の繁華街と言ってもいいような、河原町三条を下がったところ、河原町通りに面してお店が建っています。三条から四条あたりまでの河原町通りはアーケードのある商店街になっているので、うっかりすると通り過ぎてしまいそうな、目立たないかまえです。

『六曜社珈琲店』の創業は一九五〇年と言いますから、ぼくが生まれる二年前からあったわけです。そしてぼくがこのお店に足繁く通っていたのは大学生時代なので、開店してから二十年ほど経ったころになります。

今から五十年ほど前のこの辺りには、たくさんの喫茶店がありましたが、そのなかでも『六曜社珈琲店』はいっぷう変わった存在でした。と言いますのも、当時の京都には『築地』や『再會』といった、文化の薫りを色濃く漂わせる、すこし尖った喫茶店が目立っていて、この『六曜社珈琲店』もわずかにその匂いを感じさせながら、どこにでもある、街場の喫茶店としての雰囲気を保っていたのです。

先に今のコーヒーや、少し前の蕎麦を例に引いて、ブームを形成した食のお話をしましたが、こだわりが強くなりすぎると心が疲れてしまいがちです。安らぎを得るために入ったお店で疲れを覚えるという逆転現象が起こりかねないのですが、ほどのいい店は、いつも安らぎを与えてくれます。その代表がこの『六曜社珈琲店』なのです。

創業から七十年経った今も、ぼくが足しげく通っていたころと基本的には何も変わっていません。

当時から少し不思議だったのは、おなじ屋号なのに一階と地下に店が分かれていて、入口やメニュー構成も別々だということです。コーヒー一杯の値段は一階も地下もおなじですが、使っているコーヒー豆は別だというから、なんともユニークなお店ですね。

実際にお店に入ってみましょう。

青緑色のタイルに囲まれたインテリアが、どことなく懐かしい『六曜社珈琲店』

まずは一階。青緑色のタイルに囲まれたインテリアは、どことなく懐かしい感じがします。子どものころに友だちの家を訪ねていって、こんな感じの応接室に通されたら、ちょっと緊張してしまう。そんな雰囲気です。
朝八時半にオープンして、クローズは夜の十時半。ぜんぶで三十五席あるそうですが、まさしく今ふうに言う、カフェ使いをするお客さんが絶えることはなく、いつ行っても程よく賑わっています。

地下のほうはカウンター席、テーブル席合わせて二十席と少し。地下空間ということもあって、少し狭く感じるかもしれませんが、それが逆に居心地をよくしているようにも思います。もちろんコーヒーも美味しいのですが、ぜひ食べて欲しいのが手作りドーナツ。一階でも注文できますが、できたての美味しさを味わうとやみつきになります。

6　『幸神社《さいのかみのやしろ》』で神猿と出会う

少し極端な言いかたになってしまうかもしれませんが、京都という街は迷信でできているのです。

――科学的根拠がなく、社会生活に支障を来すことの多いとされる信仰――

大辞林という辞書ではそう書かれていますから、迷信というと少し語弊があるかと思います。この辞書に書かれている後段は当てはまりません。なにしろ社会生活に支障を来すどころか、京都という街はある意味で、迷信によって成り立っている社会ですから。

では、どんな迷信によって京都の社会が成り立っているかと言えば、そのほとんどは神仏にまつわるものです。

たとえば京都の人々が強く信仰している風習に、〈鬼門〉という考えかたがあります。もちろんそれは日本全国どこにでもある考えなのですが、京都の人々はこれとまともに向き合っています。

〈鬼門〉。それは鬼がやって来る方角を言い、それは北東、つまり丑寅の方角です。そもそも、鬼という存在は、なんら科学的根拠のないものですから、〈鬼門〉以前に鬼そのものがすでに迷信ということになりますね。

しかしながら京都では、〈鬼門〉という考えは社会的常識として取り入れられていると言ってもいいほどなのです。

それは京都の街なかを歩けばすぐに分かります。民家はもちろん、古くからある商店や会社などでは丑寅の方角の角を忌み嫌い、〈鬼門除け〉としての処置を施しています。難を転ずる、という言葉にあやかって、南天の木を植えたり、あるいは鬼が嫌がるという柊《ひいらぎ》を植えたりします。まさかそんな、と思われる方もおられるでしょうが、京都市内の中心部を少し歩くだけで、容易に目の当たりにされるはずです。

子どものころに親から教えられたことがあります。街なかで道に迷ったら南天か柊の木を探しなさい。それが植わっているのは北東の角だから。

なので京都の子どもは、ほかの木の名前はあまり知らなくても、南天と柊だけは早くから覚えます。

木を植えるスペースのない家や店は、北東の角に白砂や白い玉砂利を敷いて浄めます。

こうして各戸でそれぞれ〈鬼門〉を除けますが、京都の街ぜんたいの〈鬼門〉を封じるのに猿を使います。つまり京都公認の〈鬼門〉封じに選ばれたのが神の使いとされる猿ということなのです。

京都にとって町衆ももちろんですが、なによりもたいせつに守らなければいけないのは帝です。その帝がお住まいになっている京都御所にももちろん〈鬼門〉はありますから、これを封じなければいけません。そのために〈鬼門〉の角の築地塀の上に木彫の猿が安置されています。ここを猿が辻と呼ぶのはそれゆえのことです。

邪悪なものから守り、災厄を防ぐ、京都にとって大切な『幸神社』

しかしながら猿は神の使いであっても、暴れて迷惑を掛けることがあるので、金網のなかに閉じ込められています。しかもこの猿が辻の猿は、ある意味でレプリカなのだと言われています。では元々この場所で帝を守っていた猿がどこにいるかと言えば、ここより少しばかり東北に行ったところに建つ『幸神社』の小さなお堂の北東の角に祀られているのです。観光地でもなく、街の一角にある小さな社ですが、古よりこの地に建つ『幸神社』は由緒正しき神社なのです。

寺町《てらまち》今出川《いまでがわ》を北に上がって細道を西に入ったところに、

小さな朱の鳥居が見えます。ここが『幸神社』。サイノカミノヤシロと読みます。サイノカミは塞の神、つまりは道祖神のことを言い、すなわち邪悪なものから守り、災厄を防いでくださる、ありがたい神さまなのです。

いっぽうでサチジンジャと読めば、いかにも幸せが訪れるご利益も授かれそうですから、なんとも霊験あらたかな社です。

神代のころに祭祀され、飛鳥時代に再建されたと言いますから、長い歴史を誇っていますし、桓武《かんむ》天皇が平安京の〈鬼門〉封じとして、ここに出雲路道祖神を建立したと伝わっていますから、京都にとってもっとも大切な神社であると言えます。しかも、正式な神社の創建は七九六年と言われていて、平安京遷都後、最初に建てられた神社でもあるのです。

本当に小さな神社ですから、予備知識としてはこれぐらいで充分です。実際に足を運んで拝観し、くまなく境内を見て歩きましょう。まずはお堂の北東の隅に祀られている神猿を探してみてください。斜め格子越しですが、猿が辻の猿よりは、はっきりとその姿をたしかめることができます。御幣《ごへい》を肩にかつぎ、烏帽子《えぼし》をかぶった神猿は丑寅の方角をじっと見つめ、鬼が来ないようにと守っているのです。

鬼という魔物が存在し、それから守るために神猿を祀る。あるいは〈鬼門〉除けの南天や柊を植えたり白砂で浄める。更には家のなかでも〈鬼門〉を不浄にすると鬼が侵入しやすくなるので、水回り設備は避ける。平安京以来千二百年以上ものあいだ、そんな迷信を守り続けているのが京都という街で、その象徴とも言えるのが『幸神社』なのです。

7 『河井寛次郎《かわいかんじろう》記念館』で民藝の心に触れる

京都には官民合わせて多くの美術館や博物館があります。そしてその多くのミュージアムで特別展が開かれ、人気の展観ともなると、以前は長い行列ができたものです。それを一変させたのはコロナ禍ですね。休館を余儀なくされたところがほとんどでしたが、時宜を得て多くが再開に踏み切りました。

しかしながら、密をさけるために、事前予約制を敷くところがほとんどで、結果的にコロナ以前より、鑑賞しやすくなったように思います。

新しい生活様式には戸惑うことも少なくありませんが、この美術館予約方式は、ぼくのような行列嫌い、混雑忌避タイプにとっては、とてもありがたいシステムだと思っております。

そんなミュージアムのなかでも、『河井寛次郎記念館』は、もともとが密になるような混雑もありませんでしたので、従来どおりの展観を行い、以前とおなじように鑑賞する形を続けています。

河井寛次郎については、多くの方が先刻ご承知だろうと思いますが、人間国宝にも指定された陶芸家で、柳宗悦《むねよし》が唱えた民藝運動の中核をなした人物としても知られています。私事で恐縮ですが、明治生まれのぼくの祖父は、長く民藝運動に没頭していて、河井寛次郎とも交友がありました。我が家にも再三お越しになり、何度もお顔を拝見したことがあるのですが、細面の顔立ちで、ぎょろりとした目が印象的で、いかにも芸術家らしい風貌をなさっていました。

それはさておき、大正時代に端を発した民藝運動は、昭和、平成と地味に続いてきましたが、令和の時代になって、これまでにない盛り上がりを見せるようになったのは、民藝愛好家のひとりとして、まことにうれしい思いでいっぱいです。

ブームなどという浅薄な言葉は使いたくないのですが、ライフスタイル誌などを見ていると、民藝ブームが巻き起こってきているように感じます。

コロナ禍におけるステイホームが、ひとつのきっかけになったのかもしれません。家に籠るようになって、あらためて身の回りを見まわしてみると、日々の生活に使っている道具や器がなおざりになっていることに気付いた方が多くなってきたようです。

そこで、日々の暮らしを彩る日用品をセレクトしようと思い立ち、出会ったのが民藝という言葉だったのでしょう。

地方の土産物店などでよく見かけるものに、民芸品というものがありますが、おなじようでいて、民藝と民芸品は少しばかり異なります。少し大げさに言えば、そのモノに込められた思いが違う、ということなのです。

大正時代に柳宗悦が提唱した民藝運動は、〈用の美〉という言葉に重きを置きました。実用に即したものほど美しくなければならない。ざっくり言うとそんな意味かと解釈しています。

民藝という字が表すように、民衆が生んだ藝術品ではありますが、あくまで実用品として作られたものですから、使い勝手が最優先されます。使いやすくて美しい。それが〈用の美〉だということを覚えておいて、『河井寛次郎記念館』を訪ねることにしましょう。

場所は五条坂。東山五条の交差点から少し西南へ歩いた細道にあります。この辺りにはかつて、京焼の窯元が点在していましたが、煙害を及ぼすと言われるようになり、ほとんどが郊外へ窯を移してしまったのです。

館内ではその名残とも言える登り窯が、往時の姿を今に留めています。この場所で河井寛次郎は器を焼き、毎日暮らしていたのです。

その仕事ぶり、暮らしのあり様がそのまま残されているのが『河井寛次郎記念館』ですから、いわゆる美術館や博物館とは趣きを異にするものです。

はじめてこの『河井寛次郎記念館』を訪れたとき、お宅拝見というテレビ番組を観るような気がしました。まるですぐそこにこの館の主がおられ、暮らしておられるのではないか。その空気は今も変わっていないと思います。もちろん数多くの作品も並べられていますが、それも暮らしの一部であるかのような気がしてしまうのが、この『河井寛次郎記念館』の最大の特徴です。

家の主が暮らしているかのような空気が感じられる『河井寛次郎記念館』

黒光りしている、骨太の柱や梁。それはまさしく河井寛次郎の作品とおなじで、力強さを感じさせながら、均整の取れた美しさ、品格を兼ね備えているのです。つまりはこの仕事場兼住まいが、河井寛次郎にとっては、民藝そのものだったのだろうと思います。

稀代の陶芸家として名を成した河井寛次郎ですが、その思いを表した言葉を表現の手段とした思想家としての一面も持っています。

館内に掲げられたそれらの言葉もまた、強く印象に残ります。時々で展示が替わりますが、〈眼聴耳視〉という四文字の額を見たときに大きな衝撃を受けました。常識にとらわれてはいけない、という意味だと勝手に解釈し、その教えは今もだいじに守っています。

8　『将軍塚青龍殿』の舞台から京の街を見下ろす

京都の街がほかの都市と大きく異なるのは、景観を守るという目的で、高層ビルが建っていないことです。

東京はもちろん、名古屋でも大阪でも、駅前には天に向かってそびえ立つ高層ビルが目を引きます。

かつて『京都ホテルオークラ』が新築される際、高層建築だという理由で、大きな反対運動が繰り広げられました。もちろんその理由は、ホテルが建つことによって、景観が損なわれるからということです。

古く古都税問題があり、有名社寺の拝観料に税を課すというもので、これに対して寺社側が猛反発し、拝観拒絶という強硬手段に出たことがありましたが、『京都ホテルオークラ』の建築時にも同様の運動が起こりました。『京都ホテルオークラ』に宿泊している人の拝観を拒否する、というものです。

それほど強い反対運動が起こる原因となった『京都ホテルオークラ』は紆余曲折を経て、当初の計画どおり建てられましたが、どれくらいの高さかと言いますと、地上十七階建て、高さは六十メートルに過ぎないのです。

二〇二七年の完成を目指して計画が発表された、東京駅近くのビルは高さが三百九十メートル、既に建っている大阪の『あべのハルカス』は三百メートルもあるのですが、その五分の一ですら猛反対されたのですから、いかに京都のひとが高層建築に対して神経を尖らせているかがお分かりになると思います。

たしかに高い建物があると目障りなものですが、京都の人々が高層建築を嫌うのは、見下ろされることを避けたいからだろうと思います。

ときの為政者が高いお城から民を見下ろすのはよくあることですが、京都に於いてはそういう感覚を経ずに長い歴史を過ごしてきました。なぜならミカドがおわします御所は、低層建築だったからです。いかに権力者であっても、御所を見下ろすような高い城を建てることは極力避けていたのです。江戸時代になって家康が建て、家光が築いた『二条城』の天守ですら、石垣と合わせても四十八メートルの高さだったと言いますから、今の『京都ホテルオークラ』よりはるかに低いのです。

しかしながら人間というのは、実に得手勝手な存在でして、見下ろされるのは嫌だけど、我が街を見下ろしてみたい、と思うのです。それも仏さまの後ろ盾があれば、為政者からも文句は言われないだろう。そう考えたのかどうかは分かりません。現存していませんが、京の街なかのお寺には、高い塔が建てられることが少なくなかったようです。

なかでも『相国寺《しょうこくじ》』の境内に建っていた塔は、高さが八十メートルもあったと言われています。ほかにも『金閣寺』や、廃寺となってしまった『八勝寺《はっしょうじ》』などにも高層の塔が建てられ、なかには展望台らしきものが備わっていたとも伝わっています。

それをもう一歩進めたのが舞台。言わずと知れた『清水寺』の舞台でしょう。

今も多くの観光客を集める〈清水の舞台〉ですが、そのむかしもたくさんの物見遊山の客を集めたことは記録に残っています。

『清水寺』そのものが東山の山裾に建っていますから、今よりもはるかに見晴らしがよかっただろうと思います。

そしてその〈清水の舞台〉を凌駕する舞台が出来たのが、平成二六年十月のことでした。

壮大なスケールで京都の町が見下ろせる『青蓮院門跡』

『青蓮院門跡』の飛地である『将軍塚』に建った『青龍殿』に、付帯して設えられた大舞台は、〈清水の舞台〉の四倍以上の広さを持ち、広々とした舞台から京の街を見下ろせるようになったのです。

実際にその舞台に立ってみると、壮大なスケールに誰もが息を呑むほどの迫力です。まるで俯瞰図を見るように、京の街並みを眺められるのですから、人気を呼ばないはずがありません。今ではすっかり京都屈指の観光名所となりました。

『将軍塚』という地名は、平安京を造営した桓武天皇が、この地を鎮護するために、土人形に甲冑を着せた〈将軍像〉を埋め、塚を築いたことに由来します。

標高二百十六メートルの『将軍塚』は、京都の人々にとって夜景の名所として知られて来ましたから、見晴らしのいいのは折紙付きです。

それでは、なぜ桓武天皇はこの場所を選んで『将軍塚』を築いたのでしょう。もっと標高の高い『比叡山』や『如意ケ嶽《にょいがたけ》』もあるのに、という疑問が生じます。

その答えを探っていくと、和気清麻呂《わけのきよまろ》というひとりの貴族に行き当たります。

和気清麻呂と言えば、桓武天皇に重用された実務官僚として知られ、治水事業に功績があったと伝わっています。

この和気清麻呂こそ平安京の立役者なのです。長岡京の移転先に心を悩ませていた桓武天皇に、山城国《やましろのくに》、今の京都を都に定めるよう進言したのが、和気清麻呂であり、その決断を促した場所が、今で言う『将軍塚』だったのです。つまりこの『青龍殿』からの眺めが平安京を定める礎となったのです。桓武天皇気分で京の街を見下ろしてみましょう。

9 『護王《ごおう》神社』で〈四神相応《しじんそうおう》〉を知る

『将軍塚青龍殿』のところで書いた和気清麻呂ですが、祭神となって祀られている神社が『京都御苑』のすぐ近くにあります。その名を『護王神社』と言い、足腰の守護神として、広く都人に親しまれています。

和気清麻呂を祀る神社が、なぜ足腰の守護神かと言えば、その伝説によるものです。

かつて皇位の後継問題が勃発した際、皇位の正統を守ったことで知られる和気清麻呂ですが、宇佐へ配流されたとき、刺客に襲われながらも、三百頭にも及ぶ猪の群れに救われたという伝説があります。

突如現れたおびただしい数の猪は、清麻呂公一行を救っただけでなく、道案内までしたと言われています。そして不思議なことに、それ以降、長年悩まされ続けてきた足萎えから解放され、頑健な足腰を得たと伝わり、それゆえこの『護王神社』は足腰の病退散にご利益があるとされています。

皇統を守った清麻呂は出世街道を突き進み、桓武天皇の時代になって官僚のトップとも言える地位にまで上り詰め、桓武天皇の懐刀として活躍します。

その清麻呂公の奨めがなければ、ひょっとすると平安京は別の場所に置かれ、今の京都はなかったかもしれないのですから、京都にとっては大恩人なのです。

長岡に都が置かれてから、多くの災厄が続き、遷移の地を探していた桓武天皇の意を汲み、最適の地を探り歩いていた清麻呂公は、絶好の候補地を見つけ、その全容を見わたせる場所へ桓武天皇を案内します。今で言う、不動産屋さんのような役割を果たしていたのです。それが先に書いた『将軍塚』。盆地を見下ろしながら、清麻呂公はこう言います。

――どうです、この眺め。最高の場所でしょう――

――ふむ。たしかに素晴らしい場所だ。しかしながら四神相応はどうだ？――

――ご安心ください。北の神玄武《げんぶ》に当たるところに船岡があります。あの、こんもりした緑がそれです。そして西をご覧ください。あのように白虎に当たる山陰道が広々と延びております。南へ目を移していただくと大きな池がご覧いただけますでしょう。あれが巨椋《おぐら》池、朱雀《すざく》の神がおわしますことでしょう。そして眼下を流れる鴨川こそが、東の神青龍にほかなりません。我が国の津々浦々まで探しても、これ以上都にふさわしい土地はないものと確信いたします――

――よくやった清麻呂公。ほめてつかわすぞ。さっそくこの地に都を定める手はずを整えよ――

と、まぁ、こんなやり取りがされたかどうかは定かでありませんが、こうして平安京は定められたのですから、『京都御所』のほど近くに、清麻呂公を祭神とする『護王神社』が建っているのは、当然のことなのですね。

それではその『護王神社』を参拝することにしましょう。

最寄りの駅は地下鉄烏丸線の『丸太町』駅です。北側の改札口から地上に出て、烏丸通を十分ほども歩けば神社にたどり着けます。

向かい側は『京都御苑』で、このなかの北東側に『京都御所』があります。ミカドに近い場所に祀られて、清麻呂公もさぞやご満悦でしょう。

石の鳥居の前で迎えてくれるのは、狛犬ならぬ狛猪。言うまでもなく、清麻呂公を助け、道案内をした功績でしょう。『護王神社』の境内には至るところに猪がいて、それゆえ亥の年には初詣の参拝客が長い列を作ります。

表門をくぐってすぐ右手、手水舎の水が出てくる猪のブロンズ像は〈幸運の霊猪〉と名付けられ、像の鼻を撫でると幸運が訪れると言われています。

　拝殿の左手には猪のコレクションがずらりと並ぶ社務所があり、反対側右手には、秋になるとみごとな黄葉を見せる、大きなイチョウの木が植えられています。樹齢六百年を超えると言われるイチョウの傍には、和気清麻呂公の銅像が建っていて、まっすぐな眼差しは『京都御所』に向けられています。

拝殿に掲げられた〈四神相応〉の額を目に留めておきたい『護王神社』

たくさんの猪や、国家〈君が代〉にも歌われている〈さざれ石〉など、いくつかの見どころとともに、かならず目に留めておきたいのが拝殿に掲げられた、〈四神相応〉の額です。
　おそらくは桓武天皇が決断に至る決め手となった〈四神相応〉という考え方とは、京都を旅すると、あちらこちらで遭遇されるかと思います。
〈四神相応〉とは、大陸から伝わってきた思想で、東西南北の四方の方角を、それぞれ神さまが司っていて、その四つの神さまに最もふさわしいと信じられてきた、地勢や地相のことを言います。京都に於けるそれらは、清麻呂公が桓武天皇に説明したとおりです。

その四つの神さまの絵が描かれた額とともに、〈四神相応〉の概略が説明書きされていますので、これを頭に入れておいてください。そうすると、京都歩きの際に、さまざまなことが腑に落ち、疑問が解けるだろうと思います。

10 『くらま温泉』で身も心も癒す

まさか旅行を自粛しなければならない時代が来るとは、夢にも思いませんでしたね。

日常から離れ、近くへ、遠くへ足を延ばし、旅先ならではの解放感に浸る。日ごろの憂さを晴らしてまた日常に戻る。旅というものは人生の句読点として、とてもたいせつな存在なのです。

ふだんはそれほど深く感じていなかった方も、いざ自粛を迫られると、いかに旅が大きな存在であるかを思い知らされたようです。

コロナ禍の完全な終息を待つことなく、旅行が解禁になると、多くの人々が旅に出ました。少しばかり慎重な人たちは、次の旅に思いを馳せ、どこへ行こうかと計画を立てることになります。

とある旅行会社が、――国内旅行が解禁になれば、どこへ行きたいか――というアンケートを取ったところ、その人気はふたつに集中したそうです。

一位が温泉、二位が京都だったと聞いて、なんとなく分かる気がしました。

温泉に浸かってのんびりしたい。京都に行ってほっこりしたい。さて、そのどちらを選ぶか、悩ましいところですね。

これはもちろん、コロナ禍以前からあった傾向で、旅雑誌や女性誌が組む特集を見れば明らかでした。京都特集や温泉特集は書店の店先から絶えることなく続き、その人気の高さを証明していたものです。

銀行の合併ではありませんが、ならばその一位と二位が合体すれば無敵の人気を誇るのではないか。そう思う人が居ても不思議ではありません。

京都に温泉を！　という流れが出てきたのは何年前ごろだったでしょうか。地下深くまでボーリングをして温泉が出た、というニュースが大々的に報じられました。場所は洛北大原と、洛西嵐山。どちらも人気沸騰の観光地ですから、さぞやたいへんな賑わいになるのでは、と注目されたのですが、思ったほどの人気には至りませんでした。

巨額の資金を投入して温泉を引いた宿もあったのですが、稼働率が飛躍的に高まったということはなかったようです。

なぜ温泉効果が弱かったかと言えば、京都という地のイメージに、温泉がそぐわなかったからだとぼくは分析しています。

ざっくり言えば、温泉は〈だらだら〉と気持ちを緩ませるのを目的としているのに対し、京都は〈きびきび〉とした過ごし方を旨とする街です。お寺にしても神社にしても、凛とした空気が流れているからこそ、人はそこに集うわけで、緩んだ空気が漂っていれば、その魅力は半減してしまいます。

そしてもうひとつ。京都には、〈取ってつけたもの〉が似合わないから、人気が高まらなかったのだと思います。

大原にせよ、嵐山にせよ、古から雅味を漂わせる地で、雅と鄙の境目にある独特の空気を感じさせていましたから、そこに温泉を加えたとしても、イメージから弾かれてしまうのです。温泉好きの方には残念なことかもしれませんが。

京都にいながら、秘湯気分を味わえる『くらま温泉』

さりとて、京都旅で疲れた身体を癒すために温泉に浸かりたい、と思うこともあるわけで、そんなときに覚えておきたいのが、洛北鞍馬にある『くらま温泉』です。

洛北鞍馬と言えば、京都随一とも称される聖地『鞍馬寺』を擁し、天狗が出没していたという伝説でも知られるところです。

また、源義経が幼少のころ、牛若丸と称して剣の修業を積んだ鞍馬山を主としています。したがって、歓楽的な温泉と違い、山中の一軒宿といった空気を感じさせる温泉です。

市街地から離れていますから、車か路線バスがいいでしょう。JR京都駅から地下鉄烏丸線に乗って、終点の『国際会館』駅で降ります。ここから京都バス五十二系統に乗り換え、終点の〈くらま温泉〉まで。一時間ほどあればたどり着けます。

切妻屋根の山荘風の建物は温泉旅館になっていて宿泊もできます。ここで一夜を過ごすのも一興ですが、かなりの京都上級者向きでしょうね。

昼間の日帰り入浴がお奨めです。

館内にある大浴場と、木々に囲まれた露天風呂があり、二千五百円の〈日帰りコース〉を選べば、両方愉しめます。広間の休憩室や食堂も備えられていますから、昼前から夕方まで、ゆっくりと寛ぐことができます。

銭湯感覚で、露天風呂だけを短時間で愉しむなら千円の入湯料だけで温泉を愉しむこともできるので、時間に余裕のない方や、鞍馬、貴船観光の途上で、汗を流すだけが目的であれば、これでも充分〈京都で温泉〉を味わえます。

鞍馬は山深い土地ですから、ありのままの自然に囲まれていて、四季折々の風景を眺めながら湯浴みができます。特にお奨めしたいのは、新緑のころと冬の雪見風呂です。京都に居ながら、秘湯気分を味わえる『くらま温泉』。京都に温泉が似合うのはここだけかもしれません。

11 『賀茂川』を歩いて健康になる

京都へお越しになって、一度も鴨川を見たことがない、とおっしゃる方はひとりもおられないでしょう。

かならず一度は目にする、もしくは鴨川に架かる橋をお渡りになっただろうと思います。京都の街を縦に貫くように、北から南へ流れ、かつて暴れ川と恐れられていたのがうそのように、いつも穏やかな流れを見せてくれます。

とりわけ三条大橋から四条大橋辺りまでの流れは、花街や繁華街をすぐ近くに擁していることもあり、なんとも艶やかな情景を川面に映しています。

観光客の方にとっても見どころのひとつですが、京都に住む人々にとっても、鴨川はオアシスとして親しまれています。

かく言うぼくも、鴨川にほど近い河原町荒神口で生まれてからこのかた、何度も転居を繰り返しながらも、鴨川の流れから遠く離れたことは一度もありません。外に出ればすぐ鴨川にたどり着ける場所に住んで来ました。わけても今の住まい兼医院は、賀茂川の流れと百メートルも離れていません。大雨が降ったあとは、川音が聞こえてくるほど近いところに住んでいます。

賀茂川と書きましたが、鴨川と流れる水はおなじです。場所によって書き分けるのが京都人の習わしなのです。

洛北雲ケ畑《くもがはた》辺りを源流とし、賀茂大橋まで流れて来るのが賀茂川です。いっぽうで近江との境目、途中峠辺りから流れて来るのは高野川。このふたつの川が合流してのちを鴨川と呼ぶのが一般的です。つまりは今出川通から南は鴨川、北は賀茂川と書き分けるのです。

そしてぼくが散歩道としてお奨めするのは賀茂川のほうです。

近年になって賀茂川はよく整備され、しかしある程度の自然は残していますので、気持ちよく散歩が愉しめるようになりました。

特筆すべきことは、この賀茂川散歩の途上、二か所の世界文化遺産に登録された神社に参詣できることです。さらには、京都を代表する絶景である東山の峰々を眺めながら散歩できるのですから、こんな贅沢な逍遥はありません。

では順を追って歩いてみましょう。悩むべきことはただひとつ。北から歩くか、南から歩くか、です。アクセスやご都合に合わせて、どちらでもいいのですが、強いて言えば南から歩いて往復することがお奨めです。

出発点を賀茂大橋とし、御薗橋《みそのばし》で折り返して右岸と左岸を巡る散策です。

途中、世界文化遺産に登録されている『上賀茂神社』と『下鴨神社』を参詣して、往復十キロ足らず。これをフルコースとして、体調や体力、時間などを考慮に入れて調整していただければと思います。

賀茂川と『上賀茂神社』、賀茂川と『下鴨神社』と二回に分けて歩くのもいいですね。賀茂川沿いに走る路線バスも幾つかありますから、バスと歩きを併用するのもいいかもしれません。

もっと言えば、勝手気ままに賀茂川堤を散策するだけでも充分愉しめるのですが。

ふたつの神社の詳細については、たくさんのガイドブックに掲載されていますし、ホームページにも詳しく出ていますから、そちらをご参照ください。ここでは絶対ガイドブックには載っていない賀茂川の魅力だけを書くことにします。

ひとつには賀茂川からの眺めです。先にも書きましたが、右岸、すなわち西岸を歩くと東山の峰々が絶えず目に入ります。代表的な山は比叡山と如意ヶ嶽、後者は五山の送り火で〈大〉の字が点ることで知られている山です。

このふたつ並んだ山の姿が最も美しく見える場所があります。それは賀茂大橋から数えて三つ目の橋『出雲路橋《いずもじばし》』の近辺です。『出雲路橋』の上から東南を見れば、如意ヶ嶽の〈大〉の字がきれいに見えます。そして少し北に上がると、比叡山がみごとなプロポーションを見せてくれます。ときにぼくは富士山に、優るとも劣らない眺めだと思っています。

京都が、東、北、西の三方を山で囲まれた盆地だということは、京都好きの方なら皆さんご存じだろうと思いますが、それを目でたしかめることができるのが、賀茂川歩きなのです。西岸を歩けば東山の峰々が、東岸を歩けば西山が、そしていずれの堤を歩いても、北山の奥深い山々を望むことができます。川べりを歩き、山並みを眺める。これだけでも気持ちが晴れやかになります。

そしてもうひとつ。賀茂川堤を歩くと、季節の草花がかならず目に入って来ることです。目だけではありません。香り豊かな花はその匂いで季節を教えてくれるのです。代表的な花で言いますと、春の沈丁花、秋の金木犀でしょうか。その時季に賀茂川を歩くと、どこからともなくその香りが漂ってきて、その元をたどると花が見つかります。

花と対をなすのは水鳥。たくさんの種類の鳥が賀茂川で羽を休めています。川風に吹かれ、月でも出ていれば、まさに花鳥風月の世界です。車を気遣うことなく、信号もない散策路は、身も心も健やかにしてくれるのです。

12 『三福《みふく》』で鴨川のせせらぎを枕に床に就く

さて、京都を旅してどこに泊まるか。とても大きな問題ですね。

よほどのことがない限り、宿のなかで過ごすのは十二時間を超えるはずですから、思いどおりの宿でなかったなら、長い時間を不快な気持ちで過ごさなければなりません。逆に佳い宿に泊まることができたら、その京都旅は成功したも同然です。

というわけで、宿選びは慎重の上にも慎重を期さなければなりません。

最初に考えるべきは、ホテルか旅館か、です。

ホテルといえば、近年の京都では爆発的と言ってもいいほど、ホテル建設ラッシュが続き、ニューホテルオープンの報せを毎日のように、耳にしたものです。

万年ホテル不足が唱えられ、過熱気味のインバウンドブームも相まって、民泊とともにホテルの客室数は急増しました。

いくらなんでも、ここまでは必要ないのでは、という声が出始めたころに、コロナが蔓延しはじめたものですから、完全にしりすぼみになってしまいました。開業を遅らせたり、建設を中断したり、建設計画を白紙に戻したり、と、これまでとは打って変わって、京都のホテルにとっては、暗いニュースばかりになったのです。これからどうなるのか、固唾を呑んで見守っている、といった現状です。

閑話休題。ほとんどの方は旅館を避けて、ホテルをお選びになるのではないでしょうか。その主な理由として、なんとなく窮屈そうだ、とか、布団よりベッドがいい、とか、旅館に慣れていない、とか、さまざまだろうと思います。しかし、最大の理由はと言えば、旅館だと一泊二食付きなので、行きたいお店で夕食を食べられないから、だろうと思います。

京都に来たならあの店の夕食を食べたい。そんなお目当てをお持ちの方が大半だろうと思います。と言うより、それが一番の目的だとおっしゃる方も少なくないでしょう。となれば、必然的にホテルを選んでしまいますよね。

さりながら、せっかくの京都旅だから、情緒ある日本旅館に泊まってみたい。そう望まれる方にお奨めしているのが〈片泊まりの宿〉です。

〈片泊まり〉の〈片〉は片方という意味で、すなわち一泊二食のうち、片方の食事、朝食だけが付いた宿のことを言います。

つまり夕食は付いていないので、夜は宿を出て、好きなお店で夕食を摂ることができるのです。これなら京都らしい日本旅館に泊まりながら、好みの店の夕食も摂れて、両方が叶えられるのです。

いっときはこの〈片泊まり〉の宿がブームのようになり、街なかのあちこちで見かけたものですが、今はずいぶんと少なくなりました。それほど儲かる商売ではなく、多くが家族経営ですから、継続していくのは難しいのでしょう。

そんななかでも、長く〈片泊まりの宿〉を続けている先斗町《ぽんとちょう》の宿があって、その名を『三福』と言います。

京都の日本旅館というと、長い黒塀が館を囲み、立派な門をくぐって宿に入る、という印象があるかと思いますが、先斗町筋の中ほどに建つ『三福』は大仰な構えはいっさいなく、うっかりすると通り過ぎてしまいそうに、控えめな外観です。

ご承知の方も多いかと思いますが、先斗町通は鴨川と木屋町通に挟まれた細い通りで、通りの東側にある店は多くが鴨川まで続いていて、初夏から初秋に掛けて、京の夏の風物詩である床店を出すのが通例となっています。夏になると決まって、この鴨川の床店の光景がテレビのニュースで映し出されますが、多くの方は憧れを持ってご覧になっていることでしょう。一度は鴨川の床店に行ってみたい。よくそんな声を聞きます。

その並びにある旅館と言えば、どんな佇まいかが目に浮かんでくるだろうと思います。先斗町通から玄関をくぐって宿に入ると、細長い石畳が続き、奥の部屋へと誘います。俗に鰻の寝床という、京都らしい造りですが、一夜の命をあずける宿としては申し分のない落ち着きを与えてくれます。そしてこの奥深さが鴨川へとつながる仕掛けにもなっているのです。

一階と二階、合わせて三部屋しかない小さな宿ですが、そのうちふたつの部屋は鴨川に面していますので、鴨川の流れを間近に眺めることができます。京都広しといえども、これほどの眺めを得られる宿はない。一階の〈鴨の間〉に通されると決まってそう思いながら、ため息をついてしまいます。床店を設えていませんから、あいだをさえぎるものがなく、すぐそこが鴨川の堤なのです。ここで一夜をすごせるというのが、どれほど贅沢なことかは泊まってみないと分からないかもしれません。

鴨川の流れを間近に眺めることができる『三福』

昔ながらの日本家屋ですから、お風呂は共同ですし、お手洗いも部屋の外、と、最新式の設備を望む方にはお奨めいたしません。日本情緒をよく理解し、足るを知ることができる方なら、鴨川のせせらぎを耳にしながら床に就き、目覚めれば心の籠った朝ごはんが待っているという極上の宿になることでしょう。

13 『哲学の道』を散策して心と身体を健やかにする

旅を自粛しなければいけない日が来るなど、まったく思いもしませんでした。それも健康を害する恐れがあるから、というのが最大の理由なのですから、まさに青天の霹靂でした。

旅こそが人生そのものだと思って、長く生きてきたぼくには苦痛以外のなにものでもありませんでした。なぜなら、健康の秘訣は？　と問われれば迷うことなく、旅をすること、と答えてきたからなのです。旅なくて、なにがおのれの人生ぞ。そう思って生きています。

人はいったいいつから旅をするようになったのでしょう。人類以外の動物は旅をするのでしょうか。考えてみれば不思議な話ですね。仕事で旅をする人を除けば、人は旅をしなくても、生命は維持されますね。つまりは生きていくためだけを考えれば、旅などする必要はありません。にもかかわらず、一生のうちで一度も旅をしない人など、きっといないだろうと思います。

人はなぜ旅をするのか。その疑問を解くカギは、健康という言葉にあると確信しています。生命を維持するためではなく、健康を維持するために、人は旅をする。そう考えれば納得がいくのです。

そもそも、健康とはどういう意味でしょう。

今回のコロナ禍でもなにかと注目された『世界保健機構』すなわちＷＨＯという組織は、次のように定義しています。

――健康とは、ただ疾病や障がいがないだけでなく、肉体的、精神的、ならびに社会的に完全に快適な状態であること――

これをお読みいただければ、旅が健康を維持するためにひと役もふた役も買っていることが、よくお分かりになると思います。

旅をしていると、知らず知らずのうちによく歩くことに気付きます。ぼくはスマートフォンに歩数計のアプリを入れているのですが、日常生活と比べると、旅をしているときのほうが圧倒的に歩数が増えています。歩くことは肉体的な健康に大いに役立ちますね。

精神的な健康という意味でも、旅が果たす役割は決して小さくありません。

日常から離れて旅をすることで、日ごろの憂さを晴らし、美しい景色を眺めることで、心を晴れやかにする。これこそが旅の効用です。

多くが憧れを持って旅先として京都を選ぶのは、健康に寄与するだろうことを肌で感じているからです。

京都市によって、〈歩くまち・京都〉憲章というものが平成二十二年に制定されました。乗り物に乗って観光するのではなく、歩いて京都の街なかを巡ろう、ということです。これには大いに賛同します。長く京都に住むぼくは、極力乗り物に乗らず、歩いて移動します。だからこそ、本に書けるほど多くのものを見つけられたのです。今でもそれは続いていて、おおむね一日一万歩ほどは歩いています。多くは賀茂川沿いですが、せせらぎを耳にしながら歩くと、心が休まるので、ときには別の流れに沿って歩きます。そのひとつが『哲学の道』です。

『永観堂』にほど近い『熊野若王子神社《くまのにゃくおうじじんじゃ》』前の、冷泉通《れいぜいどおり》に架かる『若王子橋』から、『銀閣寺』の参道にあたる今出川通『銀閣寺橋』まで、東山のふもとを流れる〈琵琶湖疏水〉に沿った散歩道は『哲学の道』と呼ばれています。

明治時代に〈琵琶湖疏水〉が引かれ、その周囲に人が多く住むようになって、〈文人の道〉と呼ばれるようになりました。のちに京都大学の哲学者として有名な西田幾多郎らが散策し、思案を巡らせたことで、文人が哲学に変わり、やがて紆余曲折を経て〈哲学の道〉という名が付いたのです。

　おおむね一キロ半の散策路ですから、往復すると約三キロになります。この間に、『大《おお》豊《とよ》神社』、『霊鑑寺門跡《れいかんじもんぜき》』、『安楽寺』、『法然院』、『銀閣寺』と名だたる寺社が建ち並んでいますから、立ち寄って参拝すれば五キロ以上歩くことになります。ざっくり計算すれば八千歩ほどでしょうか。何よりいいのは車が通らないことです。そして川幅が狭く歩きやすいこともお奨めする理由のひとつです。足に不安がある方には、西側に白川通が通っていますので、往復のいずれかを路線バスに乗る法もあります。

　哲学とまではいかないまでも、緑に覆われた細い流れに目を落とし、せせらぎと鳥の声が混ざり合うのを耳にしていると、思わぬアイデアが浮かんだりします。小説の題材に思いあぐねたときは『哲学の道』。そう決めています。

ところで、この流れを見て疑問に感じることがあれば、立派な京都通です。

京都の街は北から南へ傾斜していますから、川は必ず北から南へ流れています。しかしこの『哲学の道』の流れは、南から北へ向かっています。

　高低差に逆らっているのは、この流れが琵琶湖から引かれた疎水だからです。それゆえ寺社巡りも南から北へと順を追ってご紹介しました。水の力は偉大ですね。

14 『京都府立植物園』で四季の樹々や草花を愛でる

たとえば桜。あるいは紅葉。京都の街でそれを眺めようとすれば、どうしても密になります。知られた名所に集まるからです。

京都で桜を見るならこのお寺。京都の紅葉の名所と言えばここしかない。テレビの旅番組や雑誌の京都特集は、おなじところばかりを奨めます。こういうことに流行があるというのも、なんともおかしな話ですが、〈今年の桜はここを見る！〉などとあおるものですから、おなじお寺や神社に集中して、密になってしまうのです。

加えて近年は夜にライトアップなどをして、ポスターを使って喧伝するところも多くなってきましたから、決まった寺社に集中することになります。

――せっかく夜桜を見に行ったのに、ひとの背中ばかり見ていた――

しばしばそんな声を聞きます。

そんな方にお奨めしているのが『京都府立植物園』です。京都の街なかにはほかに植物園らしきものはありませんから、『植物園』と言えばこの『京都府立植物園』を指します。

『植物園』は、賀茂川沿いの南は北大路橋近くから、北は北山橋まで、西は賀茂川堤、東は下鴨中通近辺まで広がっています。広さは二十四ヘクタールだそうで、東京ドーム五つ分ほどになります。

その歴史は古く、大正十三年のお正月に開園した、日本で最初の公立植物園です。そのまま存続していれば百年近い歴史を持つことになったのですが、終戦後の昭和二十一年から十二年間は連合国軍に接収されていて、再開園したのは昭和三十六年四月でした。

私事で恐縮ですが、ぼくはおなじ昭和三十六年の三月に、『植物園』から賀茂川をはさんで対岸に引っ越しました。玄関の前から東を見ると『植物園』の森が見えるような場所に引っ越したので、再開園したときのお祭り騒ぎはよく覚えています。取り戻した、という喜びもあったのでしょうね。

この場所はもとは『上賀茂神社』の場外摂社である『半木《なからぎ》神社』があり、鎮守の森が広がっていました。そのせいでしょうか。『植物園』のなかにはいつも佳い気が漂っているような気がします。

その『半木神社』は今も園内に残されていて、その佇まいはミニ『上賀茂神社』といった感じです。〈半木〉というのは聞きなれない言葉ですが、北山の奥のほうから賀茂川を伝ってきた流木がこの辺りに流れ着いたことから、もとは〈流木神社〉と呼ばれていたという話もあり、流れる、という言葉は縁起が悪いということで、なからぎ、に転じたとも言われています。

この『植物園』の西側の賀茂川堤は『半木の道』と名付けられていて、枝垂れ桜が長く続く散歩道になっています。春には愛らしい桜の花が咲き乱れ、その薄桃色を賀茂川の水面に映しだします。

園内にも桜の木は点在していて、広い敷地のなかをそぞろ歩きながらお花見が愉しめます。秋ともなると園内は紅葉の名所になります。植えられた木の種類が多いせいで、さまざまな紅葉を見られるのも『植物園』ならではです。

開園当初は南側の〈正門〉だけでしたが、今では北山通の〈賀茂川門〉、〈北山門〉、そして東南の〈北泉門〉と出入口が四カ所になりましたので、利便性が高くなりました。

先ごろ『植物園』の改修計画が発表され、〈正門〉の近くに飲食店をはじめとしたショップが並ぶようなので、今から愉しみです。現在は園のほぼ真ん中にある〈森のカフェ〉と、〈北山門〉傍の〈北山カフェ〉だけしか園内に飲食店はありませんが、『植物園』の周囲には何軒もの飲食店が点在していますから、お弁当をテイクアウトして園内で食べるのも一興です。ただし酒類の持ち込みは禁止されていますから気を付けてください。

園内は季節によって見どころが変わりますが、受付で訊ねればその日一番の見どころを教えてくれますから、園内地図を見ながら歩けば四季折々の花見を愉しめます。〈北山門〉近くには〈つばき園〉や〈桜品種見本園〉があり、そのまま南に下がれば〈ぼたん・しゃくやく園〉がありますから、春先はこの辺りがいいでしょう。

更に南に下がれば〈はなしょうぶ園〉や〈あじさい園〉がありますから、もう少し季節が進めばこの辺りまで足を延ばしましょう。

夏の時季にお奨めしたいのが〈正門〉から入って右手奥にある〈沈床花壇〉です。サンクガーデンとも呼ばれていて、一段低くなったところに花壇を作る西洋式庭園を日本語では〈沈床花壇〉と言います。ここにある噴水から水しぶきが上がり、手前の〈バラ園〉とともに、涼やかな眺めを見せてくれます。

秋の紅葉ももちろんですが、ほかにも〈水車〉や〈水琴窟〉といった和風の設えもあり、更には立派な観覧温室もありますから、四季を通じて飽きることなく過ごせます。

――わたしは、ここの楠の並木道が好きで、園の再開を待っとりました。樹齢は五六十年の楠どすやろけど、ゆっくりゆっくり通って来ました。――

川端康成の〈古都〉に登場する〈くすのき並木〉もぜひ歩いてみてください。

第二章

京都の美味を堪能する

15 京都のうどんは出汁が主役である

食文化というものは、地方によって大きく異なります。そしてそれは細分化されていて、少し場所が異なるだけで、大きく違ったりします。

たとえば東北地方とひと口に言っても、秋田と山形ではまったく異なる食文化がありますし、東海地方の愛知と岐阜でも大きな違いがあったりします。

しばしば比較される、東と西の食でも大ざっぱにはおなじであっても、つぶさに見ればまったくの別ものだというのも、よくあることです。

西で言えば、大阪と京都では似ているものもありますが、ぜんぜん別ものということも少なくありません。

鰻を例に挙げてみますと、東は背開きで蒸しを入れて焼く。西は腹から開いて直焼きにすると言われています。大阪ではその傾向があるようですが、京都の鰻屋さんは、多くが東方式を採用していて、背開きにして蒸しを入れた、やわらかい蒲焼が好まれるのですから、なんとも不思議なことです。

これは、かつての公家の末裔たちが好んでやわらかいものを食べたから、とまことしやかに伝わっています。そして、せっかちな浪花っ子は蒸しを入れる時間が待てないからだとも言われています。

そんな大阪と京都で異なるのが、うどんの名前です。

大阪で〈たぬき〉と言えば、油揚げの載った〈きつね蕎麦〉のことを指します。油揚げの載ったうどんが〈きつね〉で、それが蕎麦になると〈たぬき〉というわけです。

いっぽうで京都では、油揚げの載ったうどんは〈きつね〉で、ここまでは大阪とおなじですが、〈たぬき〉はその出汁つゆを餡かけにしたものを言います。〈きつね〉が葛で〈たぬき〉に化けたということです。したがって、京都では〈たぬき蕎麦〉も存在しますが、大阪では、〈たぬきうどん〉は存在しないことになります。

さらに大阪では〈きつね〉と言えば、甘辛く煮た油揚げの載ったものですが、京都で〈きつね〉と言えば、ふつうは味の付いていない刻み揚げが載ったものを言い、甘辛味の油揚げだと〈甘きつね〉と呼ぶのが習わしです。

たかが一杯のうどんであっても、大阪と京都ではこれほどの違いがあるのです。

しかしながら、大阪も京都も、さぬきうどんのようなコシの強いうどんではなく、歯茎でも噛み切れるような、やわらかい麺であることは共通した特徴です。

これは、京都も大阪も麺ではなく、昆布の旨みを生かした出汁がうどんの主役だからです。

さぬきうどんをはじめとして、日本各地の名物うどんと呼ばれるものは、おおむね麺に特徴があり、つゆはそれに付随したものと、考えられていることが多いようです。しかし、うどんに限ったことではなく、すべての料理の基本は出汁にあるというのは大阪も京都もおなじなのです。

そこでこの『殿田食堂』の〈たぬきうどん〉。これを食べれば主役は出汁の効いたつゆだということがお分かりいただけるだろうと思います。

ところで〈出汁〉という言葉の解釈も西と東では違うようで、うどんつゆのことも、京都や大阪では〈出汁〉と言います。美味しいうどんつゆを飲みながら京都人は、

――ええ出汁どすなぁ――

と相好を崩すのですが、東京では通用しないようで、小説などでこう書くと校正さんからチェックが入り、出汁をつゆと訂正されることもあります。食文化の言葉遣いもおもしろい違いがあるものですね。東京をはじめとして、おおむね〈出汁〉に調味料を加えたものは、つゆと呼ぶようですが、関西ではそれも〈出汁〉と呼ぶのです。

さて『殿田食堂』に話を戻しましょう。

今でこそＪＲ京都駅から南もホテルやお店が建ち並んでいますが、ぼくがこの近くの『ダイワロイネットホテル京都八条口』をベースと定め、月のうちの半分ほどを過ごすようになった十年ほど前は未開の地と言っていいほど閑散としていました。そこで見つけたのがこの『殿田食堂』です。京都の街にはよくある、ふつうのうどん屋さんですが、何を食べても安くて美味しいので、お昼はここで食べることに決めました。

初めて訪れたときに食べた中華そば、たぬきうどん、天とじ丼、親子丼、カレーうどんが、ぼくの定番メニューです。当時は地元のお馴染みさんだけだったのが、いろんなメディアで紹介するうち、観光客の姿も増え始め、その名は海外まで知られるようになりました。

それでも長い行列ができるような変化もなく、むかしながらの商いを続けておられるのは嬉しい限りです。

日本中どこででも食べられるうどんですが、京都で、とりわけこの『殿田食堂』で食べると、あらためてその価値、美味しさを再確認されるだろうと思います。主役は麺ではなく〈出汁〉だということを忘れないでください。

16 京都の小粋な割烹を探す

京都の食、とりわけ和食は日本中、いや世界中から美食家がそれだけのために京都を訪れるほど、多くが憧れを持って語られるものです。

今にはじまったことではないのですが、それは年々エスカレートしていき、留まることを知らない勢いでした。

でした、と過去形で書いたのは、例によってコロナ禍で、かなりの変化が起きたからです。どんな人気店であっても、感染防止を目的とした自粛期間には敵いません。長期にわたる休業を余儀なくされた店、営業形態を変更した店、営業時間を短縮した店、など、影響をまったく受けない店は皆無だったかと思います。

とりわけ予約困難とされる人気店は、その多くが市外からのお客さんで、なかでも東京からの方が多かったでしょうから、対応に苦慮されただろうと推察します。

これまでは地元のお客さんとは縁の薄かったお店も、テイクアウト料理や、配達を手掛けるようになり、地元へ顔を向けはじめましたが、何を今さら、と冷ややかな反応を見せる京都人は少なくありませんでした。

老舗中の老舗である三つ星料亭が、ラーメンを売りだしたのに、多くの京都人は驚きの声をあげました。代替わりされたことで革新度が増したのでしょうね。決して廉価とは言えない価格でしたが、売行きは上々だったようで、まずは同慶の至りです。

また、ある割烹屋さんは、牛肉弁当の持ち帰りを手掛けるようになり、SNSで発信しておられました。仮にこの割烹屋さんをAとします。まさかAが持ち帰り弁当を手掛けるとは。ぼくには大きな驚きでした。というのも、以前にこんなことがあったからです。

しばらくぶりにこのAを訪れ、カウンターで食事をしていたときのことです。

老夫婦、と言っては失礼かもしれません。ぼくと同年代か少しばかり上だろうご夫妻は、食事を終えようとされていました。

Aではお客さんごとに土鍋でご飯を炊いて、その炊きたてを出すことを特徴としていました。最近はこのスタイルが増えましたね。炊く前と、炊き上がりを客に見せるパフォーマンスもお決まりになっています。

Aは比較的ボリュームのある料理を出す店だったので、僕らの年代には正直キツイものがあります。〆にあたるご飯は、それがたとえどんなに美味しくても、すべて食べ切ることは難しいのです。

もったいないと思われたのでしょう。残ったご飯を持って帰りたいので包んでください。奥さまらしき人が店の主人にそう頼みました。すると意外な答えが返ってきたのです。

――うちの料理はすべてお客さんが食べはる時間に合わせて作ってます。たとえご飯ひと粒でも、今ここで食べてもらおうと思うて用意したもんです。いつ食べはるや分からん食いもんは、わたしはよう作りませんのや。目の前のここで食べてもらうのが、うちの料理の命です。すんまへんけど、持ち帰りはかんにんしてください――

決して威圧的ではありませんでしたが、きっぱりと断られたのです。

きっと苦渋のご決断だったのでしょうね。

とまぁ、それぞれのお店が苦心惨憺、慣れないことを手掛けているのを横目にしながら、いつもと何ひとつ変えることなく、淡々とマイペースでお店を続けるところもありました。そのうちの一軒が、月に一度通い詰めている『八条口燕ｅｎ』。ＪＲ京都駅の八条口から歩いてすぐのところにあります。

この店の近くのホテルを定宿として仕事をしていて、あるとき偶然、開店したばかりのこのお店を見つけました。準備中のご主人にあれこれ訊ねてみると、ぼくの理想の形に極めて近い割烹屋さんだったのです。

その場で予約をして訪ねてみると、まさにドンピシャ。これは通わねば、となり、家人とふたりで月例会を開き続けているのです。

ぼくにとって割烹屋さんというのは、まず第一にアラカルトで食べられることが挙げられます。以前はそうでもなかったのですが、今はおまかせコース一種類のみ、というのが辛くなってしまいました。おまかせと言いながら、押し付けられているような気がするのと、なにより品数や量が多く感じるのも、避けるようになった理由のひとつです。

もう古希も近くなれば、自分の食べたいものを、自分のペースで、相客との会話を愉しみながら、美味しく食べたいと思うのです。それにはこの『八条口燕ｅｎ』はぴったりのお店なんです。浪花割烹ほど品書きに載る料理の数は多くありません。しかしながら必要にして充分で、しっかりと選ぶ愉しみを与えてくれます。

小粋な先附が出て、そのあとのお造りをぼくは鮨仕立てにしてもらっています。一貫ずつ出てくるお鮨を食べながら、黒板メニューから次の料理を決めていきます。夏なら鮎や鱧、冬なら牡蠣や蟹。旬の美味をじっくり味わいながら、大好物のスパークリングワインを飲む。これを至福と言わず、なにが至福なのでしょう。月に一度この店で食事することは、ぼくにとって最高に贅沢な時間です。京都で和食を食べるならぜひこのお店に。

17 極上の割烹を満喫する

割烹はある意味で料亭の対極にあると思っています。料亭は読んで字のごとくと言いますか、なんとはなしに料理を出す亭、つまり建物のことだと分かりますが、割烹という字は読めても、今ひとつ意味がよく分かりませんね。

割烹の〈割〉は包丁で切ることを言い、〈烹〉は火を使う調理法を言います。食材を包丁で切って、それを煮たり焼いたりする。やっていることは料亭もおなじですね。

両者のあいだに明確な区別はありませんが、もとは会席料理を出し、宴席を提供する江戸の料亭に対して、即席料理を出す上方の店を割烹と呼んで区別したのがはじまりのようです。芸妓を呼ぶのを料亭、呼ばないのを割烹として区別することもあると聞きます。

そしてその料理はと言えば、あらかじめ設定されたコース料理を中心とするのが料亭で、いっぽう割烹は、その場で客の注文に応じて作られるアラカルト料理が中心、というのが一般的な説明となります。

その分類に倣うなら、今のおまかせコース一本槍のお店は割烹とは呼ばないほうがいいのかもしれません。そこが少し曖昧になっているのは、板前割烹というスタイルがあるからだろうと思います。

板前と付いているように、アラカルト料理を客の目の前で作りあげるのが、板前割烹と呼ばれる店の最大の特徴です。その、板前という部分だけを踏襲して、料理そのものについては、料亭とおなじく、あらかじめ設定されたコースを出すお店が、近年の京都では急増しています。本来であれば、客の注文に応じてアラカルトを出すのが割烹の約束ごとなのですが、たとえおきまりのコース仕立てであっても、目の前で調理されることで、それが割烹だと勘違いされる方が多くなってきたのでしょう。

板前割烹の元祖と言われているのは『浜作』というお店で、コロナの影響もあってか、令和二年の秋現在は店を閉めています。どんな形で再開されるのか、心待ちにしている『浜作』ファンは少なくありません。

カウンターをはさんで、目の前で料理される様子を間近に見ながらお酒を飲むことを、何よりの愉しみとしているぼくが、最近になって通いはじめているのが『二条有恒《ありつね》』というお店です。二条通の寺町通から少し西に入った辺り、最近人気の御所南エリアにあるお店で、最大の特徴はアラカルトメニューが豊富だということです。

三つ折りにされた和紙に達筆で記されたメニューは、眺めているだけでお腹が鳴るほど魅力的です。あれも食べたい、これも食べたい。しかしお腹はひとつしかない。実にうれしくも悩ましい問題を抱えながら、まずは〈八寸〉を、好物のスパークリングワインと一緒に頼みます。

コの字型のカウンター席がメインですが、ほかにテーブル席もあって、幅広い客層に対応できるようですから、お店に活気があります。ときとしてカウンター席だけだと息が詰まることもありますが、このお店には過度に緊張感を強いるような空気は流れていません。女性のひとり客でも安心して食事を愉しめる、貴重な割烹だと思います。

よく吟味された食材が目の前で手際よく調理されるのを見るのは割烹の醍醐味です。あれこれ食べての〆には〈たぬきごはん〉をぜひ食べてみてください。〈たぬきうどん〉のご飯バージョンはこのお店の名物です。

居酒屋さんなどでは、〈とりあえずビール〉という習慣があるようですが、割烹屋さんでは〈とりあえず八寸〉があると重宝します。それもただの前菜盛り合わせではなく、季節を彩る料理がきれいに盛り付けられていると、いやが上にも気分が盛り上がります。『二条有恒』の〈八寸〉はまさにそんな感じです。それでいて、ひとり分が二千円だというのですから、ぼくのように、いろんな料理を少しずつ食べたいという食いしん坊には、ぴったりの〈八寸〉です。

割烹というジャンルには入らないかと思いますが、洛北に暖簾をあげる『和食庵さら』でもおなじく、季節の食材を美しく盛り合わせた〈八寸〉があって、お店に行くとかならず頼む逸品料理です。『和食庵さら』は『大徳寺』や『今宮神社』、『上賀茂神社』など、洛北の名所めぐりの行き帰りに便利な場所にある和食屋さんです。カウンター席や、掘りごたつ式になったテーブル席、個室の座敷などいろんな席があり、ランチタイムも営業しているので気軽に足を運べます。

一夜の料理をお店の主人にゆだねてみるなら『千ひろ』へ

とは言え、コース仕立ての割烹にも行ってみたいとおっしゃる方にお奨めしているのは、祇園石段下近くの路地に暖簾をあげる『千《ち》ひろ』です。極上の食材をふんだんに使った料理は、飾りすぎることなく、しかしていねいに仕上げられ、旬の日本料理を心ゆくまで満喫できます。自分であれこれ選ぶのではなく、一夜の料理をお店の主人にゆだねてみたいと思われたなら、『千ひろ』を予約するのが最良の策です。

18 京ならではの料亭に足を踏み入れる

カウンター席もあるにはあるが、基本はお座敷という料亭もなかなかいいものです。カウンターすなわち美味しい料理を出すぞ、というサインだと思っていますから、宴席を主にする料亭との違いが見てとれるのです。

祇園界隈で、少しあらたまった席を、とリクエストされ、かつ美味しい料理は必須となれば、ここをおいてほかには思い当たりません。『祇園丸山』、もしくは『建仁寺祇園丸山』です。

前者は祇園の中心地にあって、『八坂神社』からも歩いて行けます。カウンター席があるのはこちらのほうで、いくらか割烹の空気も味わえます。後者は五重塔を間近に望む八坂通にあって、茶室も備えた店の設えは、粋を凝らした数寄屋造りの料亭です。

料理は懐石コースと季節のお料理コースの二本立て。どちらも料亭料理を堪能できますが、『丸山』ならではとなると、季節のお料理コースかと思います。

季節の、という冠詞が付いていますから、旬の食材が主役を張ります。

多少の変動はありますが、十一月から二月までは、松葉ガニや河豚。三月は子持ちモロコ。四月はタケノコ。五月は桜鯛。六月は鮎。七月から八月は鱧。九月から十月は子持ち鮎と松茸。どうですか。これを読んでいるだけでよだれが出てきませんか。

割烹にあって料亭にないもの。それは料理を作るプロセスのダイナミズムだと思います。割烹ではその料理ができあがるまでを、つぶさに見ることができるのに対して、料亭ではできあがった結果だけしか見ることができません。

『建仁寺祇園丸山』は粋を凝らした数寄屋造りの料亭

割烹と料亭のすき間を埋めるかのように、お座敷に居ながらにしてダイナミックなひときを愉しめるように工夫を凝らしたのが『建仁寺祇園丸山』のお座敷です。

たとえば鮎。江戸の茶屋に置いてあったような金魚鉢に、ぴちぴちと鮎が泳いでいる様子がプレゼンされます。そののち、庭に置かれた焜炉で串打ちされた鮎を料理人さんが焼きはじめます。

余計な化粧塩などはせず、頭からかぶりつ

けるように、じっくりと焼く様子を座敷から眺めていると、お大尽という言葉が浮かんできます。これほどに贅沢な席もないでしょう。床の間には季節を描いた軸が掛かり、もちろん掛け花も時季にふさわしいものです。それを横目にしながら、煙は庭から空へ、芳しい香りだけが座敷に届くのですから、美食の極みと言っても言葉が過ぎることはないでしょう。

それはしかし、『丸山』の魅力のほんの片鱗であって、お膳の上に次々と繰り出される料理の器遣いといい、繊細な味付けといい、年輪を重ねて来た主人ならではの技や心根あってこその料理なのです。

西陣や宇治、伏見といった、中心部から離れた場所にある料亭は、地元と密接な関係を持ちつつ、口の肥えた旦那衆からも厚い信頼を得ているのですが、そんな一軒に『清和《せいわ》荘《そう》』があります。

こんなところに料亭が？　初めて訪れると誰もが驚く立地ですが、敷地に一歩足を踏み入れると、市中の散居と言うべきか、それとも桃源郷と言えばいいのか、大いに迷ってしまいます。

アクセスからお話ししますと、最寄りの駅は近鉄京都線の伏見駅となり、駅から歩いて五分ほどのところにあります。近鉄京都線は京都市営地下鉄烏丸線と相互乗り入れしていますから、地下鉄烏丸線に乗れば、乗り換えなし、あるいは簡単な乗り換えで伏見駅までたどり着けます。駅から北へ続く細道をまっすぐ歩くと、長い竹塀が続くお屋敷に突き当たります。

行き届いた日本庭園を眺めながら会席料理が楽しめる『清和荘』

お店の名は『清和荘』。初めてこの店を訪れたときは、まさかこんな場所にこれほど立派な料亭があったとは、と驚きを隠せませんでした。広々とした敷地に、よく手入れされた日本庭園が広がり、数寄屋建築のお屋敷然とした建家が軒を連ねています。

これほどの設えは今や洛中でもほとんど見掛けなくなりました。それもそのはず、『清和荘』の住所は京都市伏見区深草越後屋敷町ですから、さぞやこの界隈には立派なお屋敷が建ち並んでいたのでしょう。

一番の特徴は伸びやかな空間です。洛中の料亭ではなかなか味わえない広々とした開放感ですね。しかしただ広いだけではなく、隅々にまで細やかな神経が行き届いた設えあっての『清和荘』です。

ぜんぶで二五十席もあるとは思えないほど、お店のなかは瀟洒な雰囲気で、手入れのよく行き届いた日本庭園を眺めながら会席料理を食べることができます。そしてその料理もまた洗練を極めていて、器遣いも申し分ありません。

この『清和荘』にはまた天ぷら専用のカウンター席も作られていて、お店自慢のワインとともに揚げ立て天ぷらを味わうこともできます。

もう少しうちの近くにあれば、と思いますが、街なかの喧騒を離れてこその『清和荘』だと考えなおします。まずは手軽なランチから料亭気分を愉しみましょう。

19 老舗料亭で日本文化を探訪する

京都で日本料理を食べるとき、その選択肢は大きく分けてふたつ。ひとつは割烹、もうひとつは料亭。どちらを選ぶかと言えば、おおかたは割烹に傾くだろうと思います。格式と歴史を誇る料亭は、どうしてもハードルが高く見えてしまいがちですから。

余談になりますが、こういうときによく、〈敷居が高い〉という言いかたをしますが、これは間違った言葉の使いかたです。

〈敷居が高い〉というのは、親せきや知人などに対して不義理をしていることから、訪ねることがためらわれるようなときに使う言葉です。不義理をしたどころか、行ったこともない店に〈敷居が高い〉などとは言いません。テレビや雑誌、新聞までもが間違った言葉遣いをしているのはとても残念なことです。

それはさておき。料亭を敬遠してしまうのは、その経験が乏しいからだろうと思いますが、料亭を使いこなさないのは、なんとももったいないことです。決して割烹では得られない、日本文化の真髄を味わえるのですから。

それでは割烹と料亭、どこがどう違うのでしょうか。

もちろんこれは法的に定められたものではなく、一般論にしか過ぎませんが、おおむね割烹はカウンター席やテーブル席など、入れ込み席で食事する店舗形態で、料亭は座敷を主とした個室、もしくは広い空間に設えられたテーブル席で食事する店のことを言います。たまには例外もありますが、基本的にはこの区別で間違ってはいないと思います。

料亭が敬して遠ざけられるのには、まずこの構造的な問題があります。玄関で靴を脱いで上がり込むことに抵抗を感じる方が、少なからずおられるのですね。畳敷きの和室のない家が増えるいっぽうだと言うのですから、やむを得ないかもしれません。しかしながら、玄関先で靴を脱ぎ、床に足を降ろす瞬間の気持ちよさは捨てがたいものです。

そしてもうひとつ。料亭を遠ざけているのは、作法を知らない、あるいは面倒くさいと思っておられるからでしょう。玄関で脱いだ靴を揃えるべきか否か、だとか、上座と下座の区別が付かない、とか、床の間の見方が分からない、など、非日常空間となる料亭の座敷では、緊張感を強いられると思われているようです。それを愉しむ余裕さえ生まれれば、料亭ほど気が休まる場所はないのですが。

そんな意味でもお奨めする料亭が、『下鴨神社』のほど近くに建つ『下鴨《しもがも》茶寮《さりょう》』。安政年間創業の老舗料亭です。

『下鴨茶寮』は伝統を守りながらも時代の流れに沿った創作的な料理で人気

洛北下鴨という、繁華街の中心部から離れた場所にあるせいでしょうか、祇園などの料亭に比べて、気楽に玄関をくぐれる気がします。基本はお座敷ですが、一階にはテーブル席もあり、不慣れな方はまずはこちらで料亭体験をしてみるのがいいでしょう。そしてお気に召せば、次回はお座敷で料亭の醍醐味を味わうという寸法です。

長い歴史を持つ『下鴨茶寮』ですが、近年になって劇的な変化を遂げました。

京都の料亭ではたいへん珍しいことですが、オーナーが変わったのです。それも放送作家、脚本家という肩書を持つ小山薫堂《くんどう》さんが新しく『下鴨茶寮』を経営することになったのですから、大きなニュースになり、地元の京都新聞では夕刊の一面トップの記事として報道されたほどです。

二〇一二年に六代目のオーナーとして薫堂さんが『下鴨茶寮』の経営に携わることになってから八年。かつては観光料亭と揶揄されたこともあった料亭ですが、赤い格付け本で一つ星を獲得するまでになりました。薫堂さんがオーナーになられてから、ずっと応援し続けて来たぼくも、先見の明があったかと少しばかり鼻を高くしております。

それはさておき、今の『下鴨茶寮』の最大の特徴は自由度の高さでしょうか。

日本料理の伝統をきちんと守りながら、時代の流れに沿った創作的な料理も加え、老若男女問わず、幅広いお客さんに支持されていることです。

そうして料理は変革させながらも、店の佇まいや設え、器遣いなどは歴史ある料亭としての姿勢をまったく崩さないことに共感したからこそ、この料亭に通っているのです。

京阪電車の出町柳駅から歩いて五分ほどでしょうか。高野川の流れにその館を映す料亭は、往時の姿をそのまま留めています。玄関先にはためく大きな暖簾をくぐり、店のなかにはいると、大きな花器に活けられた季節の草花が出迎えてくれます。

料亭ですから、基本は大小さまざまな個室での食事となりますが、ホールと呼ばれる洋間でも、靴を脱ぐことなく、気軽に食事を愉しむことができます。特筆すべきことは、ホールを含めて、どの部屋からも、よく手入れの行き届いた庭園や、高野川、緑豊かな東山を眺めながら料理を味わえることです。賀茂川と合流して鴨川となる、もうひとつの川である高野川は穏やかな流れで、目や心を癒してくれます。

割烹ではありませんので、アラカルトというわけにはいきませんが、お昼なら六千五百円という、料亭としては手軽な値段でコース料理を愉しめます。決して大仰ではなく、かと言って、どこででも食べられるような安直な料理でもなく、ちょうどいい按配の料理が心地いい、どなたにでも安心してお奨めできる料亭です。

20 京都のお弁当を携えて出かける

コロナ禍で脚光を浴びたもののひとつに、お弁当があります。

外食を自粛して、家でご馳走を食べる。となれば一番手っ取り早いのは、名店のお弁当です。コンビニ弁当と比べてはいけないのでしょうが、その何倍もの価格であっても、お店で食べる料理を思えば、手ごろな価格で愉しめますね。

近年はお店のなかでもお弁当を食べられますが、本来お弁当というものは外で食べるものので、それゆえ季節も決められていたのです。

『知恩院』というお寺の行事がその季節の元となったと言われているのですから、お弁当ひとつとっても、その由来は深いものなのですね。

『知恩院』において、かつては正月に行われていた〈御忌詣《ぎょきもう》で〉という行事がその始まりです。晴れ着を着て参拝する際、お弁当を携えて出掛けたことから、これを〈弁当はじめ〉とし、十月二十五日に行われる〈別時念仏会《べつじねんぶつえ》〉を〈弁当おさめ〉としていたと伝わっています。〈御忌詣で〉は明治時代になって、気候のいい四月に移ったのと同時に、〈弁当はじめ〉も四月になったといいます。

法然上人の忌日を、お弁当の季節を定める基準にするあたりは、いかにも都人らしい習わしですね。いずれにせよ、お店の席ではなく、屋外で食べるのがお弁当の醍醐味であることに間違いありませんし、極端に寒いときや暑いときは避けたいものです。

デパ地下の売り場に行くと、まさに百花繚乱。いろんなお店がさまざまなお弁当で競い合っています。割烹や料亭、仕出し屋などのお弁当は、おおむね二千円くらいから五千円近いものまでの値段が付いています。中心価格帯は三千円あたりです。

こういってはなんですが、どのお店も似たり寄ったりで、見た目にもあまり変わりません。物相型の白ご飯から、かやくご飯、おこわ、ちらし寿しなどのご飯ものと、焼魚や出汁巻き、煮物などのおかずがセットになった、いわゆる幕の内弁当が主流です。

もちろん人それぞれ好みがありますから、どれを選ぶかは自由ですが、ぼくなら、餅は餅屋、まずは仕出し屋さん系のお弁当を第一候補にあげ、その次は料亭系、割烹系は一番最後になります。

いつも書いていることですが、お店で食べる料理とお弁当とでは、調理法や味付けが異なります。もっとも肝心なのは時間が経って冷めてから美味しく食べられるかどうか、なのです。

常にでき立ての料理を念頭に置いている割烹は、不慣れで当たり前なのです。お店で食べられる席を持たない仕出し屋さんを選ぶわけはそこにあります。いっぽうで料亭は、仕出しを兼ねている店も少なくないので、次善の策となります。

寿司折にもおなじようなことが言えます。握りたてが一番美味しい握り鮨より、時間が経ってからのほうが美味しく味わえる箱寿司や押し寿司のほうが、寿司折に向いていることに異論を唱える向きはないでしょう。寿司飯の炊き加減や、寿司酢の合わせ方も、それを想定してのことなのです。

仕出し屋さんというのは実に京都らしい仕事で、ほかの地方に比べて、むかしから京都にはなじみ深い存在です。

都人はお客さんをもてなすのに、外食よりも、自宅に招いて仕出し屋さんの料理を出すことに重きを置いてきました。外のお店へ食べに行くより、そのほうがより丁重なもてなしだとされてきたのです。

うちのような家でも、かつては三、四軒の仕出し屋さんが出入りしていて、祖父は招く相手によって使い分けていたようです。

大店のご主人や、旦那衆と呼ばれる人たちの家ならば、もっと多くの仕出し屋さんと付き合いがあったことでしょう。格式高いお店から、ご近所の気楽なお店まで、もてなしの度合いによって使い分けていました。

それゆえ京都では多くの仕出し屋さんが競い合っていたのですが、時代の波とともに少しずつ減っていき、今では仕出し専門のお店はうんと少なくなってしまいました。

そんななかで長い歴史を持ち、両横綱とも言えるのが『辻留』と『菱岩』の二軒です。どちらも客席を持たず、持ち帰りと仕出し、出張料理専門の商いを続けています。

甲乙つけがたいという世評どおり、どちらのお弁当も美味しさは確約されています。

花見小路通を少し東に行った三条通に面して、古き良き佇まいの『辻留』があります。事前に予約をしておき、このお店に取りにいったほうが、デパ地下で買うより仕出し気分が味わえるのでお奨めです。あらかじめ頼んでさえおけば、ひと折からでも気持ちよく作ってくれます。

ホテルの部屋で食べてもいいのですが、やはり屋外で食べると、よりいっそう美味しく食べられるのが、お弁当のお弁当たるゆえんです。派手な趣向は避けて、品よく季節の彩りを添えたお弁当は、見て美しく、食べて美味しいのです。三密を避けるのにも最適の条件が揃います。ますますお弁当の時代になってきました。

21 京都の豆腐は水が違う

京都を代表する名物と言ってもいいでしょう。京都に来たらお豆腐を食べなきゃ。そう思っておられる方は少なくないと思います。

スーパーの豆腐売り場にも〈京豆腐〉と名付けられたお豆腐がずらりと並ぶように、京都で作られたお豆腐はすべて〈京豆腐〉となり、原材料の産地などは一切問われないそうです。

それはお豆腐に限ったことではなく、〈京〉を冠した食品は、イメージ先行のきらいがあって、それらが本当に京都を代表するものかと言えば、疑問符の付くものが少なくありません。

そして意外にも、京都の本物は〈京〉を冠していないことが多いのです。

今日の〈京豆腐〉ブームの先駆けとなったお豆腐屋さんが嵯峨『清凉寺《せいりょうじ》』の門前にあって、お店の名前を『嵯峨豆腐森嘉《もりか》』と言います。

――森嘉はんのお豆腐食べたら、よそのは食えんな――

京都人にそう言わしめたお豆腐は、木綿豆腐のような歯ざわりと、絹ごし豆腐のような舌ざわりを併せ持っていて、その食感と、豆そのものが持つ風味とで、多くの都人から絶大な支持を受けています。

この人気に便乗するように売り出された豆腐は〈京豆腐〉と名付けられることが多くなりましたが、本家本元とも言える『嵯峨豆腐森嘉』では、当初から〈嵯峨豆腐〉と呼んでいて、〈京〉の字は見当たりません。

豆そのものが持つ風味で絶大な支持を受けている『嵯峨豆腐森嘉』の豆腐

京都の店なのですから、わざわざ〈京〉など付け加えなくてもよいわけで、嵯峨という具体的な地名のほうが、京都人には馴染みやすい。つまりは〈京〉を殊更に強調する店は、京都以外の人に向けての商いをしていると心得たほうがいいのです。

〈嵯峨豆腐〉は食べると目から鱗が落ちます。豆腐とはこんなに美味しいものだったのかと、あらためてお豆腐を見直すことになります。嵯峨まで行かなくても、『大丸』をはじめとして何軒かのお店で売っていますから、問い合わせてみてください。

京都のお豆腐でほかにお奨めは？　と訊かれたら『北野天満宮』近くの『とようけ屋山本』や、京都府庁近くの『入山豆腐店』などをお奨めしています。どちらも、ちゃんと豆の味がして、真っ当な豆腐を食べていることを実感できるのです。たしかに京都のお豆腐は美味しい。食べるとかならずそう思います。

では、なぜ京都の豆腐が美味しいのか。その答はズバリ〈水〉にあります。京都の〈水〉が京都の豆腐を美味しくしているのです。

お豆腐というものは、〈大豆〉と〈水〉でできているのですから、そのふたつの原材料によって味が左右されます。もちろん〈大豆〉の質もたいせつな要素ですが、京都産の〈大豆〉を使いさえすれば美味しい豆腐ができるとは限らないようです。それよりも〈水〉がだいじだと、京都のお豆腐屋さんは口を揃えます。

京都の〈水〉は大きく三つに分けられます。

ひとつは、東、北、西の三方の山々から湧き出る山水。ふたつに京都盆地の地中に溜められた地下水。これは浅い井戸水と、岩盤深くにある水甕《すいのう》の両方があり、岩盤深くに潜む地下水は、琵琶湖の総水量に匹敵するほどの量だと言われています。三つ目は琵琶湖疏水。明治の大事業として行われ、その恩恵を多くが蒙っている琵琶湖疏水は、極めてすぐれた水質、豊かな量を保ち、京都を美味しくすることにひと役買っているようです。

京都の豆腐屋さんの多くは井戸水を使っていると言われますが、『とようけ屋山本』のように水道水を使って豆腐作りをしている店も少なくないと言います。

それは京料理を供する店も同じで、井戸水や湧き水だけでなく、水道水を料理に使う店も少なからず存在します。侮るなかれ京都の上水道ですね。

京都市の水道水は硬度が四十程度の軟水で、同じ軟水でも関東地方の水道水はおおむね硬度が六十を超えていて、かなりの差があります。同じ大豆を使っても、出来上がった豆腐の味に差が出るのは、こんなところにもそのわけがあるようです。

〈黒豆豆腐〉などのように、使用する豆を丹波産にこだわることもありますが、多くのお店では京都以外の土地で収穫された大豆を使っていて、繰り返しになりますが、京都の豆が優れているから、京都の豆腐が美味しいというわけではないのです。

もうひとつ付け加えるなら、お豆腐に限ったことではなく、京都の食全般に言えることですが、古くからていねいにモノ作りをしてきた、都人のＤＮＡが美味しい食を生みだしているのだと思います。

さてその豆腐。美味しさをダイレクトに味わうには、そのまま食べるのが一番です。夏なら冷奴、寒い季節なら湯豆腐。

『嵯峨豆腐森嘉』の豆腐を味わえる料理店として、『天龍寺』の境内にある『西山艸堂《せいざんそうどう》』をお奨めしておきます。シンプルな湯豆腐を適価で愉しめます。もしくは嵯峨鳥居本の『平野屋』。嵯峨野散策の折には恰好のランチを愉しめます。

22 『野呂本店』で京漬物を買う

京都の名物をひとつだけ、と言って、皆さんはなにを思い浮かべられるでしょう。たくさんありますね。多すぎてひとつを選ぶのは難しいかもしれません。それほどに京名物は数多く存在しています。なにしろ、たいていのものは〈京〉の一文字を頭に付ければ、それで京名物になってしまうのですから。

京豆腐、京湯葉、京野菜、京菓子などなど、数え上げればきりがないほどです。少し辛口でものを言えば、このうちどれぐらい本物の京名物があるか、心もとない限りです。もちろん本物も少なくありませんが、便乗組もしばしば見かけます。おなじものでも〈京〉を頭に付けるだけで付加価値が加わり、価格設定を高くできるからです。

京野菜については、京都府が〈京の伝統野菜〉として定義し、食品全般についても〈京のブランド産品〉と名付けて認証していますが、どんなものでも抜け道がありますから、完璧なものではありません。ざっくりとしたイメージだと心得ておいた方がいいようです。

京ブランドのなかで、もっともよく目にするのが京漬物ではないでしょうか。京都のお漬物は美味しい。みなさん、そう口を揃えられますし、ぼくもそのとおりだと思います。もちろんそれぞれの地方に伝統的なお漬物がありますし、どれも味わい深いのですが、多種多様なバリエーション、素材の野菜を生かした味わいとなると、京漬物に限ると言っても過言ではないでしょう。

日常的にも京都の人たちはお漬物をよく食べますし、それにともなってか、お茶漬を食べる機会も少なくありません。そこから生まれたのが〈京のぶぶ漬け伝説〉ですね。

テレビのバラエティ番組などには、よくこの〈京のぶぶ漬け伝説〉が登場し、それをして京都人のイケズな性格を揶揄するのが定番になっているようです。

ずいぶんとメジャーになってきましたので、たいていの方は先刻ご承知だろうと思いますが、ご存じない方のために、かいつまんでお話ししましょう。

お昼頃に知り合いの京都人宅を訪ねたところから、話は始まります。

話が長引いてしまい、ちょうど昼どきになってしまいました。と、京都人が言います。

「よかったらぶぶ漬けでも食べていかはりませんか？」

ぶぶ漬けと言えば漬物が付き物。京都ならではの美味しい漬物が食べられると喜んだ訪問者ですが、そのあと、いくら待ってもお漬物はおろか、お茶漬けも出てきません。聞き間違いだったのだろうかと、不思議に思いながら帰ると、別の京都人からたしなめられます。

「なんにも知らんひとやなぁ。ぶぶ漬けでもどうです？　いうのは、早ぅ帰ってくださいていう合図やねん。京都のひとは直接的に帰ってくれ、て言わんと、ぶぶ漬けでもて言うて、上品に帰ってもらうよう催促するんや。それを真に受けてじっと待ってたら恥かくだけで、いつまで待ってもぶぶ漬けなんか出てきますかいな」

これぞ京漬物という至極の味『野呂本店』の〈京のぶぶ漬けセット〉

ことほど左様に遠回しな言いかたをして、人を試すイケズなのが京都人だと言いたいのでしょうが、これはまったくの誤りというか、出来過ぎた都市伝説のようなものです。

たしかに京都人は婉曲な物言いを好みますが、それは無用な摩擦を避けるための知恵だと思ってください。そもそも、時分どきにお宅を訪ねるという設定に無理がありますし、うちうちの簡素な食事を知人に食べさせるような無粋さは、ほんとうの京都人は持ち合わせておりません。

長く横道にそれてしまいました。話を京漬物に戻しましょう。

なぜ京都のお漬物が美味しいかと言えば、ひとつは野菜の品質がいいこと、もうひとつは始末の極意とでも言うべき、食材を余すことなく使い切るという、京都の風習だろうと思います。更に言えば、限られたおかずで食事をする質素倹約を旨とする暮らしぶりもあるでしょう。

今でこそ少なくなりましたが、京都の家にはたいてい台所に糠床《ぬかどこ》があり、家庭で糠漬けを作るのはしごく当たり前のことでした。それほどに馴染みが深い漬物ですから、お店で買うとなると、吟味に吟味を重ね、あるいは馴染みの漬物屋さんを持ち、漬物ひとつといえども慎重に買い求めるのですから、自然と美味しいお店だけが残るというわけです。

端から京土産として買われることを目的として作られた量産品と、街の漬物屋さんのものは別ものだと考えたほうがいいでしょう。かつては京の街のそこかしこにあった漬物屋さんですが、食生活の変化によってか、ほとんどが姿を消してしまいました。そんな面影を今に残し、かつ観光客の方の土産物としても立派にその役目を果たしているのが、『野呂本店』の京漬物です。

寺町今出川を北へ。出町桝形《でまちますがた》商店街の近くに暖簾をあげる『野呂本店』さんのお漬物は実に美味しいのです。家庭的なやさしい自然な味わいでありながら、プロならではの小技を利かせ、店先に並ぶどの漬物も、これぞ京漬物という至極の味がします。

本店と名が付いてはいますが、ほかにたくさん支店があるわけでも、デパ地下にコーナーがあるわけでもありません。ここでしか買えないというのがお奨めの理由です。

23 京都の和菓子はバリエーションで華やぐ

京都旅を終えて、多くの人が帰途につく中継地点がＪＲ京都駅。そこでお土産に買い求めるのはたいていが京菓子ではないでしょうか。

お土産売場を見まわすと、よくぞこれほどと感心するほどに京菓子が並んでいます。その様子をよく見てみると、お客さんが群がっているところと、閑散としているところがはっきりと分かれています。人気、不人気があるのですね。

人気を集めているのは、俗に〈和スイーツ〉と呼ばれているもので、和菓子なのか洋菓子なのか判別できないものが多く、伝統的な京の和菓子とはいささか様相を異にしています。ぼくはこの〈和スイーツ〉なるものが苦手で、和菓子なら和菓子、洋菓子なら洋菓子とはっきり区別して欲しいと思っています。

そんなことを言っているから時代遅れだと言われるのですが、和菓子の伝統を守ることは、食文化の継承にとってだいじなことだと信じていますので、ずっと言い続けています。

京都の和菓子屋さんは、大きく三つに分類されます。

ひとつはお茶席などに使われる上生菓子を扱う店。洛北紫野に店を構える『嘯月《しょうげつ》』や、松原通の室町に暖簾をあげる『末富《すえとみ》』、京都御苑近くの『松屋常磐《まつやときわ》』などがその代表です。すべてではありませんが、これらのお店は〈座売り〉と呼ばれていて、店先にお菓子を並べず、予約注文された商品をわたす仕組みになっています。上生菓子を買い求めるときは、事前に予約しておかねばなりません。

ふたつ目は街場の和菓子屋さん。こちらはもう少し気軽に買うことができ、生菓子や干菓子、餅菓子など、幅広い和菓子をお店に並べています。

このタイプのお店は地元京都の人たちからも親しまれていて、かつ京土産に恰好の和菓子があるのですが、ぼくのお奨めは洛北に暖簾をあげる『紫野源水《むらさきのげんすい》』です。〈座売り〉ではない分、気軽に買える和菓子ですが、上生菓子も干菓子も上品でお茶会にもよく使われています。

菓銘の付いた上生菓子は、きんとんや練り切りなど、季節のイメージを抽象的に表しているのが特徴で、お茶席に恰好の話題を提供します。

いっぽうでお干菓子はおおむね具象的で、すぐにそれと分かるほど精緻に作られています。いずれにせよ、細やかな季節の移ろいを表現するのが、和菓子の最大の特徴です。

ここが和スイーツと呼ばれる菓子との大きな違いです。

言葉どおり、スイーツというのは甘いもの全般を指すわけですが、〈和〉の一文字を頭に付けるだけで、なんとなく和菓子のイメージになりますし、そこに抹茶の緑が加われば、それを和菓子だと勘違いしても仕方がないかもしれません。

近年はかき氷がブームになっていますが、それを和菓子の範疇におさめるのであれば、夏限定にして欲しいものだと思っています。当然のことながら、俳句の世界ではかき氷は夏の季語なのですから。

なぜこれほどまでにかき氷がブームになってきたかと言いますと、いわゆる〈映え〉るからでしょう。

〈映え〉る食には一定の法則があるようで、それは山積みされた絵面だと思います。〈映え〉るといって人気を呼んだものは、ローストビーフ丼や、チャーシューが山盛りになったラーメン、メガパフェなど、山のように盛り上げることで、ひとを驚かせる食が多いのです。

最近の京都で人気を集めているモンブランもそのひとつだろうと思います。お客さんの前で仕上げていく様子も動画向きですね。

パフォーマンスもときには愉しいものですが、それと和菓子の本質は別ものだということも、頭の隅に置いておいてください。

さて、三つ目の和菓子屋さんが、もっともなじみ深いだろうと思います。餅菓子屋さんです。

お餅を使ったお菓子は茶席で使われることはめったにありませんが、おやつとしては最適の和菓子で、おおむね価格も安いことから、ちょっとしたお土産にいいですね。

ぼくも餅菓子は大好きなので、勝手に京都五大餅菓子を選びました。

上賀茂『神馬堂《じんばどう》』の〈やきもち〉、『今宮神社』の参道で向かい合う二軒、『一和』と『かざりや』の〈あぶり餅〉、『出町ふたば』の〈豆餅〉、寺町『大黒屋鎌餅本舗』の〈御鎌餅〉、北野『澤屋』の〈あわ餅〉がその五つです。もちろんほかにも美味しい餅菓子を商うお店がありますが、五つとなるとこのラインナップかと思います。

よく名を知られたお店だけに、長い行列ができることも少なくありませんし、手作りのお菓子ゆえ、早々に売り切れることもよくあります。そんなときはスパッとあきらめて、ほかのお店を探しましょう。京都の街なかには、屋号に〈餅〉を付けたお店がたくさんあります。『鳴海《なるみ》餅』『大力《だいりき》餅』『千成《せんなり》餅』『相生《あいおい》餅』など、赤飯やおうどんと一緒に食べられるお店があちこちに点在していますから、ぜひおためしください。

第三章

京都の多様な食文化を巡る

24　京の洋食新時代を感じる

多少の浮き沈みはあったとしても、これほど大きな歴史の転換点に遭遇するとは、思ってもいませんでした。京都に限ったことではないのでしょうが、街の様相が一変してしまいました。

人の流れも大きく変わりましたが、身近なところで言えば、飲食店の変容ぶりには、ただただ驚くばかりでした。と、過去形で書いてしまいましたが、令和二年の秋になっても、まだその事態は進行中です。まだまだこれから、さまざまな変化の波が飲食店を襲ってくるのだろうと案じています。

ぼくの行きつけのお店もその波をかぶり、何軒かはお店を閉めてしまい、まるで自分の身を切られるような思いになりました。

その一軒が堀川六条にあった『六堀』という洋食レストランです。

おおむね京都の洋食屋さんは、家族経営の小体な店が多いのですが、この『六堀』は前身がフレンチだったこともあり、かなり大きなお店でした。それゆえ大勢で会食もできて、ひとりでも愉しめる幅の広さで重宝したものでした。閉店の報せを聞いてガッカリした人は多かっただろうと思います。

その『六堀』の厨房で腕を奮っていたシェフが四条河原町近くに小さな洋食屋さんをオープンさせたと聞いて、間を置かずに訪ねてみると、これが実に愉しいお店になっているのです。

京都一の繁華街、四条河原町を少しばかり下がって、細道を東に入ってすぐのビルの二階にあるお店です。

『食堂デイズ』という洋食堂なのですが、『六堀』の何分の一の席数でしょうか。オープンキッチンになったカウンターのなかから、すべての客席が見わたせるような、小さなお店です。当然のことのようにアラカルト主体で、おまかせという名のお仕着せコースを強いられることはありません。

ブックメニューと黒板メニューがあり、どれも手ごろな価格で、しかもなじみ深い洋食がずらりと並んでいます。

ポテトサラダとマカロニサラダは、以前の店でも人気定番メニューでしたが、もちろんこの『食堂デイズ』でも健在です。

これをつまみながら、スパークリングワインを飲んで、今宵の料理を組み立てていくのが『食堂デイズ』流です。

カルパッチョやローストビーフなどの冷菜を食べて、さて次は洋食屋さんの主役とも言える揚げものが控えています。エビフライにするか、トンカツにするか、はたまたサーモンフライにするか、大いに迷うところです。

そして〆をどうするか。小さなカレーライス、オムライス、またここで迷ってしまうのですが、『食堂デイズ』にはさらに悩ましいメニューがあります。それが〈ひとり鍋〉。江戸風に言えば小鍋立てです。

旅館の夕食に出てくるような小さな鍋で、鰻だとか鶏の鍋をつついて〆にするのは、これまでの洋食屋さんにはなかった、新しいスタイルで、これがなんとも愉しいのです。

洋食の枠にとらわれることなく、美味しいものを好きなスタイルで食べられる『食堂デイズ』は、おひとり京都にはぴったりの洋食屋さんです。

おなじく、かつてとても重宝して、通い詰めていた店に『洋菜WARAKU』がありました。丸太町通の府庁前交差点にあって、数え切れないぐらい食事をしました。家族で、友人と、打ち合わせに、など、多くの思い出がありましたが、残念ながら店を閉めてしまいました。

この店で腕を奮っていたシェフもまた独立を果たし、おなじ丸太町通の『京都御所』向かいで、小さなお店をオープンさせました。

シェフの名前を取って、『料理・ワイン　イバラキ』と名付けられた店は、『食堂デイズ』とおなじように、何種類もある前菜とワインを愉しみながら、豊富なメイン料理を選び、〆のパスタをどうするか、と悩むお店です。『食堂デイズ』よりはビストロに寄せた感じですが、水餃子や味付玉子といった、いっぷう変わったメニューが加わっているのが特徴です。その謎を解きあかすヒントは、このお店のランチにあります。

なんとこのお店のランチは、中華そばだけなのです。白と黒の二種類あって、前者が鶏、後者が鴨と分かれています。そのトッピングメニューが夜になると、ワインのアテとなるのです。

このスタイルもこれまでの京都にはなかったと思います。お昼は中華そば、夜はワインビストロ。ぼくには打ってつけのお店ができました。

飲食業界に大きなダメージを与えたコロナですが、それに負けてなるものかと、新たなお店ができ、新しいスタイルの料理を提案していることに、明るい未来を感じます。これからも、予約困難や行列とは無縁の店であり続けて欲しいと願うばかりです。

25 京の洋食、名物料理を発見する

古くから京都の洋食屋さんは、大きく二分されてきました。ひとつは職人さんたちが気軽に食べられる洋食屋さんで、ライスものや定食類がメインです。このタイプの洋食屋さんには、のちに京の大学で学ぶ学生さんたちも足を運ぶようになり、ボリュームの多さと手ごろな価格が必要とされるに至りました。

西陣が発祥の『キッチンゴン』がその典型でしょうか。ハンバーグやエビフライなどを組み合わせた定食類もありますが、一番人気はお店名物の〈ピネライス〉。カツとヤキメシとカレーが合体した、ボリューム満点のライスものです。これを伝統産業に携わる職人さんと、まだ入学したばかりだろうと思われる学生さんが、並んで食べている姿は、いかにも京都の洋食屋さんらしい光景です。

下鴨の住宅街に店をかまえる『のらくろ』も家庭的な雰囲気のなかで、手軽な洋食を味わうことができます。このお店の名物は〈トルコライス〉。おなじ名前の料理が長崎名物になっていますが、それとは少しばかり内容が異なります。

洋風カツ丼とも、オムライスのカツとじ載せ、とも言える料理で、ケチャップライスの上に、ひと口カツをタマゴで閉じたオムレツが載り、デミソースを掛けてあるライスものです。こちらも、名物料理に舌鼓を打つ学生さんの横で、教授とおぼしき老紳士がA定食を愉しんでいたりします。

さて、もうひとつの洋食屋さんパターンは、花街の近くに店を構え、旦那衆が贔屓にしていたという、いわば〈旦那洋食〉のお店です。

昭和三十八年に発行された〈京味百選〉という、グルメガイド本の走りとも言える名著に、当時人気を集めていた二軒の洋食屋さんが掲載されています。どちらも今はありませんが、多くの食通に愛された名店でした。

一軒は祇園富永町にあった〈ツボサカ〉という板前洋食店です。カウンター席の向こう側にキッチンが設えてあり、目の前で洋食が作られるという、まさに板前料理のお店です。場所柄舞妓さんや芸妓さんもよく見かけましたが、そのおちょぼ口でも食べられるように、コロッケを小さくしたり、〆にお茶漬けを出したりしていたのが印象的なお店でした。

もう一軒は〈ビフテキスエヒロ〉。こちらは河原町通に面していて、四条通から少し上がった東側にあったお店です。

こちらのお店は屋号にも謳われているとおり、ビフテキ、すなわちビーフステーキを名物としていました。

炭火で網焼きにされた牛肉は、じゅうじゅうと音を立てて運ばれてきて、思わず生つばを呑みこんだことを昨日のように覚えています。

ビフテキのほかに、じっくり煮込まれたビーフシチューも美味しく、民藝で統一された内装や、棟方志功の版画をデザインしたお店のロゴマークも素敵なお店でした。

と今はなき二軒の洋食屋さんを、ただ懐かしむためだけにご紹介したのではありません。この二軒の流れを汲むお店が今の京都にあって、すこぶる健在だということをお話ししたかったのです。

前者の〈ツボサカ〉を継いでいるのは、清水三年坂の路地奥に店をかまえる『洋食の店みしな』です。〈ツボサカ〉で腕を奮っていたシェフがこのお店を開き、のちにそのご子息が跡を継がれ今に至っています。

ビーフシチューやフライもの、牛の照り焼きなど、オーソドックスな洋食にお茶漬けが付いたセットが人気で、時分どきには行列ができることもあります。『清水寺』を参拝したあとのランチに恰好のお店です。

〈ビフテキスエヒロ〉の流れを汲むのは、その名も『ビフテキスケロク』。洛北は『金閣寺』や『平野神社』の近くにあって、この近辺を観光するあとさきに重宝する洋食屋さんです。

26 京都人の牛肉好きに倣う

京都人の肉好きは近年よく知られるようになってきました。県民食、京都の場合は府民食ですが、地方独特の食習慣や食文化を紹介するテレビのバラエティ番組でも、再三採り上げられるようになったからかもしれません。雑誌などでも、京都の肉は美味しい！　という特集が組まれたり、京都らしい肉割烹のお店ができたりしたせいでもあるでしょう。

京都で肉と言えば、誰がなにを言っても牛肉です。わざわざ牛肉と言わなくても、「今日は肉を食べよう」と言えば、それは牛肉のことに決まっているのです。豚肉や鶏肉ということはあり得ません。

したがって京都ではトンカツよりビーフカツ、京都人流に言うビフカツのほうが一般的なのです。もちろん肉じゃがも牛肉です。豚肉を使った肉じゃがなどは、京都の家庭でもお店でも存在しません。

さらに言えば牛肉が高級だからという考えもありません。高いから上等、ということでもなく、牛肉が身近にあるから好きになった、というのが正解だろうと思います。

一例を挙げますと、ぼくが子どものころなど、京都の人にとってカツサンドと言えば牛肉が当たり前という時代でした。洋食屋さんでも、ちょっとした喫茶店でもそうでした。京都人ならだれもが知っている『志津屋』という店もそうです。ここでは〈元祖ビーフカツサンド〉という商品名で呼ばれていますが、豚肉を使ったカツサンドを見かけることは滅多にありませんでした。たまにショーケースに並んでいることもありますが、驚くなかれ、トンカツのほうが高かったのです。東京のひとがご覧になって、大変驚いておられました。

京都という街で、なぜそれほど牛肉が一般的になったかと言いますと、ひとつに地理的な優位性があるからです。

いろんな説がありますが、日本三大銘牛と言って、松阪、神戸（但馬）、近江を挙げることが多いのですが、この三つの産地を線で結ぶと、ちょうどその三角形のなかに京都が入るのです。

何年か前、ふとこのことに気付いたぼくはこれを〈銘牛トライアングル〉と名付け、京都人が牛肉好きになった理由、京都の牛肉が美味しい理由の第一にこれを挙げました。

そしてもうひとつは歴史的背景です。

古くからの伝統をかたくなに守る京都ですが、そのいっぽうでは新しもの好きとしても知られています。温故知新と言うより、温故創新と言ったほうがいいかもしれません。新しいものを積極的に取り入れる気風は、長く京都に根付いています。

それを言い換えれば、ハイカラ好きともなり、文明開化と同時にいち早く肉食文化を取り入れたのも京都の町衆でした。

先に書きましたように、美味しい牛肉が身近にあるのですから、ハイカラ好きの京都人はあっという間に牛肉＝ご馳走という路線を作りあげ、それを長く続けてきたのであって、昨日今日のことではありません。

肉食文化のはじまりは、おそらくすき焼きに代表される肉鍋だったと思いますが、その後は洋食の発展とともに、ビーフステーキへとご馳走の主役は移っていきました。それはやがて鉄板焼という形に広がり、さらには韓国風の焼肉へとバリエーションが増えていきます。

その流れは京都でもおなじで、終戦後から京都の街のあちこちで焼肉屋さんが店を開きはじめます。ただ、当初は焼鳥とおなじく、どちらかと言えばお酒のアテとしての色合いが濃く、男の食べものとして認知されていたのです。

そのイメージを払拭したのが、一九六五年、東京オリンピックの翌年、四条川端を下がったところにオープンした『天壇』でした。

当時はめずらしい存在だった、家族揃って焼肉を愉しめる店はすぐに人気を呼ぶようになり、一躍京都の有名店となりました。

ぼくがはじめてこの『天壇』を訪れたのは一九七二年。二十歳のころですから、もう五十年近いお付き合いになりますが、基本的なスタイルや味は変わっていません。

『天壇』の一番の特徴というか特色は、〈洗いダレ〉という付けダレです。透き通った黄金色をしたタレは、まるでお出汁のような上品な味わいです。

濃厚な漬けダレに漬けこんだ肉を網で焼き、焼きあがった肉をこの〈洗いダレ〉ですすいでから食べるのが『天壇』流です。カルビやロースの焼肉はしっかりタレの味が染みこんでいて、外側だけを薄味のタレでコーティングするので、あっさりとこってりが、ちょうどいいバランスを保ち、飽きることなくいくらでも食べられるのです。もち

『天壇』本店で鴨川の流れを見下ろしながら、京都ならではの焼肉を

ろんそれも上質の牛肉を使っているからこそ、なのですが。

京都の食と言えば、どうしてもあっさりした和風料理となりがちですが、ぜひ牛肉料理も味わってほしいと思います。なかでも京都ならではの焼肉を、鴨川の流れを見下ろしながら食べられる『天壇』本店は一番のお奨めです。

27 「京都人の傍らにはいつも牛肉」を体験する

京都に美味しい牛肉が集まってくるというお話を先に書きましたが、それゆえ京都の街なかでは、厳選された牛肉を売るお肉屋さんをしばしば見かけます。

ぼくが子どものころには、近所にスーパーマーケットなどはありませんでしたし、肉を買うのはお肉屋さんと決まっていました。そしてそのお肉を買うのは長男坊と相場が決まっていて、きっとそれは、息子に佳い牛肉を見極める目を持たせるためだっただろうと思います。食の英才教育といったところでしょう。

うちの近くに〈カズサヤ〉という人気のお肉屋さんがあって、小学生のころからそこへお肉を買いに行くのはぼくの役目になっていました。

――すき焼き用を六百グラムください――

親から言われたとおりにお店の主人に伝えます。

――お客さんか？　それとも家族で食べるんか？――

ショーケースの向こうから、お店の主人にそう訊ねられます。

――お客さんと違う。家族で食べます――

そう答えるとご主人が奥の貯蔵庫を開けて、少し黒ずんだ肉の塊を取ってぼくに見せながら言います。

――黒ぅて見てくれは悪いけどな、今晩すき焼きにして食べるんやったらこれが一番旨い。お客さんやったらきれいな赤い肉やないとあかんけど――

そう言ってスライサーに掛けてくれた牛肉を買って帰ると、佳い肉を買って来たな、と父親にいたく褒められました。

これが今でいう熟成肉だったのでしょう。こうして京都では子どものころから牛肉の良しあしを見抜く力をやしなうのですから、お肉屋さんも手を抜けないのです。

スーパーやデパ地下の攻勢に遭って、街なかからお肉屋さんがどんどん姿を消していきましたが、行列の絶えないお肉屋さんもあります。

千本三条を西に入ってすぐのところにある『ミートショップヒロ』は、京都の肉好きなら誰もが知る人気のお肉屋さんです。

産地よりも鮮度に重きを置いて、黒毛和牛を一頭買いすることでリーズナブルな価格設定をされていることから、遠方からも美味しい牛肉を求めるお客さんが引きも切らないのです。

そのお肉を使ってはじめた直営の焼肉屋さん『焼肉弘』が、美味しくないわけがありません。

本店のほかに、『京の焼肉処 弘』、『京やきにく 弘』、『焼肉 弘商店』と三つのスタイルに分かれていて、それぞれ違った雰囲気で焼肉が愉しめます。ぜんぶで十店舗以上ありますが、ぼくがひとりでよく行くのは〈八条口店〉です。ここには壁に向かう形のカウンター席があるので、ひとり焼肉を手ごろな価格と気楽な雰囲気で堪能できるからです。

家族や友人たちと少し贅沢な雰囲気のなかで焼肉を食べたいときは、先斗町や八坂通にある『京やきにく 弘』がお奨めです。

『焼肉弘』との出会いは今から二十年近く前にさかのぼります。木屋町三条の『焼肉弘』で〈史上最強のロース〉と名付けられた焼肉メニューの、リーズナブルな価格とあまりの旨さに感動し、〈京都の値段〉と題した拙著で紹介したのが二〇〇三年のことです。

爾来、幾度となく『焼肉弘』で焼肉を食べ

ひとり焼肉を手ごろな価格で堪能できる
『京の焼肉処 弘』八条口店

てきましたが、期待を裏切られたことは一度もありません。

美味しい牛肉との出会いと言って、真っ先に思いだすのは『十二段家本店』のしゃぶしゃぶです。

花見小路四条を下がって、ふた筋目を東に入った辺りに店を構える『十二段家本店』は祖父の大のお気に入り店でしたが、このお店に連れて行ってもらえる日は、朝からワクワクが止まりませんでした。

柳宗悦が提唱した民藝運動に没頭していた祖父は、隅々まで民藝で彩られていた『十二段家本店』をこよなく愛していましたが、子どもには贅沢が過ぎるお店に連れて行ってくれたのは、真の民藝とほんとうに美味しい牛肉を味わわせたかったのだろうと思います。

みごとな古伊万里の大皿に盛り合わされた前菜も、このお店ならではの美食ですが、それに続くサーロインのしゃぶしゃぶは、牛肉の醍醐味を堪能させてくれます。わけても門外不出とも称されるゴマダレは、それだけをなめたいほどに美味しいのです。

これほどの設えのなかでいただくご馳走ですから、決して安価とは言えませんが、その価値は充分あると思います。花見小路の角にある出店のほうなら、定食形式で手軽に味わうこともできます。

普段遣いでも、ちょっとした贅沢を愉しむときも、いつも傍には牛肉がある。それが都人の習わしです。それだけに牛肉を見る目は厳しくもたしかだと思います。ゆえに本物の牛肉を出す店だけが生き残り、長く人気を保ち続けるのです。

28 京都の寿司のみならず江戸前も人気

京都のお寿司と言って、誰もが思い浮かべるのは、きっと鯖寿司だろうと思います。今や京名物と言ってもいいほど、よく知られるようになりましたね。

若狭の浜から鯖街道を通って運ばれてきた鯖を酢〆にして棒寿司に仕立てる。名の知れた名店から、身近な仕出し屋さんまで、酢加減も異なれば、身の厚みも違い、その味を競い合っています。

ぼくが好きなのは祇園石段下に店を構える『いづ重《じゅう》』か、出町桝形商店街にある『満寿《ます》形《かた》屋』でしょうか。どちらのお店でも一本丸ごと買い求めることも、何切れかをお店で食べることもできるので重宝します。

いなり寿しも京都のお店ではよく出てきます。

京都ではいなり寿しのことを、おいなりさんと呼んで身近に感じている人が多いように思います。

『殿田食堂』のように、おうどんと一緒に食べることも多く、むかしからある街なかのうどん屋さんなら、たいていいなり寿しを作っています。素朴なおいなりさんを味わうなら、うどん屋さんのそれで充分ですが、気合を入れておいなりさんを食べるときは、お寿司屋さんのそれを買い求めます。

先に書いた『いづ重』もですが、寺町二条に暖簾をあげる『京のすし処 末廣《すえひろ》』のおいなりさんは、麻《お》の実が入っていて、噛むとプチッと弾ける、独特の食感も愉しめます。油揚げの厚みも薄くなく、厚すぎずで、ほどよい甘さに炊きあげてあるので、あっさりと食べられます。

この『京のすし処 末廣』の名物とも言えるのが蒸し寿司です。

寿司を蒸す？　関東の方などは訝かし気にそう訊ねられますが、京都をはじめとした関西地方や、高知、長崎など、寒い季節になると、好んで蒸し寿司を食べる習慣があります。

お店や地方によって、少しずつ内容は異なりますが、ざっくり言えば、生魚の入らないちらし寿しを蒸したもの、と考えていただければ間違いないでしょう。京都のお寿司屋さんでは、たっぷりの刻み穴子やキクラゲ、シイタケ、カンピョウなどを寿司飯に混ぜ込むところが多いようです。そのうえに錦糸卵を載せ、エビやイカ、穴子などをトッピングして、熱々になるまで蒸し上げます。

蒸し寿司は火傷しそうなほどの熱々が身上です。ハフハフ息を吐きながら、一気呵成に食べると、お腹の芯から身体があたたまってきて、食べ終わるころには薄っすらと汗をかくほどです。

鯖寿司、いなり寿し、蒸し寿司と、江戸前握りに比べると地味に感じられるかと思いますが、元を辿れば、お寿司の起源は近江名物の鮒寿司だと言いますから、熟れ寿司に近いこちらのほうが正統派で、江戸前握りが変化球なのかもしれません。

棒寿司や箱寿司、いなり寿しなどのように、作ってからしばらく時間を置いて食べることを旨とする関西系のお寿司が主流だったせいか、京都は江戸前鮨不毛の地と、長く言われてきました。

しかし近年の江戸前鮨ブームの波は京都にも押し寄せてきていて、今では京都も江戸前鮨激戦区と呼ばれるようになってきました。

先陣を切ったのは花見小路四条を下がって、細道を西に入った辺りに暖簾をあげた『鮨まつもと』だったと記憶しています。甘さを控えたいくぶん固めのシャリと、丁寧に仕事を施したネタとのバランスが絶妙で、京都の本格江戸前鮨はここから始まったと言われています。

あれよあれよという間に、東京をはじめとする地方からの出店も増え、京都の街のあちこちに高級江戸前鮨のお店が急増しました。

それらのなかには、地元京都の客ではなく、東京や海外からの富裕客をターゲットにした店も少なくなく、京都独特の一見さんおことわりとはまるで異なる、会員制や紹介制のお店もよく見かけます。

京都らしい町家で手ごろな値段で江戸前鮨を味わえる『ひご久』

ぼくがよく足を運ぶのは、そういう店ではなく、地元京都から愛され続けている、市井の江戸前鮨屋さんです。

仏光寺通《ぶっこうじどおり》の高倉通近くにある『ひご久』は、京都らしい町家の佇まいも美しく、手ごろな値段で江戸前鮨を味わえるお店で、ずいぶんと長いお付き合いになります。カウンターだけ、夜だけの営業ですが、どんな方にも安心してお奨めできるので、京都でお鮨をとリクエストされたら、まずはこのお店の名をお伝えします。

もう一軒、うちの家からも近く、洛北下鴨の住宅街にひっそりと佇んでいるお店が『鮨かわの』。こちらもカウンター席だけですが、ランチタイムも営業しているので、洛北観光のお昼には最適です。

どちらのお鮨屋さんでも、ぼくは値ごろなスパークリングワインを飲みながら、ゆっくりとしたペースで江戸前ならではの、きりりとしたお鮨を愉しんでいます。江戸前ながら、どことなく京都らしい空気を感じられるのが、お奨めする第二の理由です。

29 バラエティ豊かな京都のタマゴランチ

京都人のタマゴ好きはいつからはじまったのでしょうか。和洋を問わず、タマゴ料理を名物とするお店は少なくありませんし、家庭でもよく作られているようです。ディナーとはいきませんが、ランチにタマゴ料理はぴったりです。

観光客の方にもよく知られているのは、なんといっても親子丼ですね。親子丼を求めて長い行列ができるお店が、京都市内には何軒かあります。

祇園下河原の『ひさご』や、西陣は五辻通の鶏料理店『西陣鳥岩楼《とりいわろう》』などがその代表かと思います。どちらも親子丼専門店というわけではなく、前者は麺類や丼物を商う店ですし、後者は〈とりの水炊き〉と呼ばれる鍋料理をメインとする鶏料理のお店で、親子丼はランチタイムだけのメニューです。

両店とも、数あるメニューのなかから突出した人気にな

『西陣鳥岩楼』の親子丼はランチタイムだけのメニュー

ったというだけに、ほかでは食べられない、独特の味わいがあります。丼物ですから値が張らないのもいいですね。『殿田食堂』なら並ばずとも美味しい親子丼が食べられます。

最近ではタマゴサンドも人気ですね。

茹でタマゴを潰してマヨネーズと和えた具ではなく、オムレツに仕立てたタマゴを具にするのが京都流です。喫茶店や洋食屋さんで食べられますが、ぼくが一番好きだったのは『コロナ』という洋食屋さんのタマゴサンドで、分厚いオムレツがパンからはみ出しているのが特徴でした。店を閉めたあと、その後継だというお店によって、一挙に有名になったのはなんとも皮肉な話です。

手軽に味わうなら『志津屋』の〈ふんわりオムレツサンド〉です。JR京都駅をはじめとして、京都市内のあちこちにお店がありますからとても便利です。

おなじくタマゴを使った料理で人気なのがオムライスです。こちらもなぜか京都に美味しいお店が目白押しです。それも市井の食堂っぽいお店のそれがぼくは大好きなんです。

一番のお奨めは『ますや』という小さな洋食屋さんです。高倉仏光寺を下がったところにあるお店は、これ以上はないというほど小さく、五人も入れば満席御礼となります。

夫婦ふたりだけで営むお店。小さなキッチンでフライパンを振る主人と、それをサポートする奥さんの息もぴたり。楕円形の銀皿に盛られたオムライスは絵に描いたような姿で、その味はこれぞオムライス。ハグルマケチャップが効いてます。

『ますや』はオムライスだけの店ではありません。ヤキメシもカツカレーも洋食ランチも、何を食べても安くて美味しいうえに、すべてのメニューを持ち帰れるというありがたい洋食屋さんです。

ただ美味しいというだけでなく、最小限のスペースで営々と仕事を続け、手ごろな価格を長く保ち続けるお店は、本来の意味で京都らしさを湛えています。こんなお店が近所にあれば、どんなにありがたいでしょう。

五百円のオムライスに六十円のコンソメスープを付けてもらい、食べ終えてお店を出るとき、決まって笑顔になっているのです。

もう一軒、値ごろで美味しいオムライスを食べられる店をご紹介しましょう。

洛北の住宅街にある『たつ㐂』というお店です。店先に上がる暖簾には〈とんかつ〉の文字とともに豚のイラストが描かれているように、とんかつが売りもののお店なのですが、麺類全般と丼もの、さらにはエビフライやハンバーグなどの洋食もメニューに上がるオールマイティの食堂です。

このお店のオムライスは、『ますや』のそれに勝るとも劣らない、ぼくの理想とするオムライスなのです。

テレビのグルメ番組でおなじみの食レポのキーワード「やわらか〜い」が象徴するように、なんでもかんでも、やわらかい食が好まれるようになりました。お肉類なら分からなくもないですが、お刺身を食べても、お芋を食べても、「やわらか〜い」。お豆腐までもを「やわらか〜い」ですから、もうブラックジョークです。

そのせいでしょうか、最近はオムライスも、ふわとろ系が人気のようです。スクランブルエッグが載ったようなものから、チキンライスの上にオムレツを載せ、ナイフを入れて崩すと歓声が上がるものまで、近ごろはそんなオムライスが主流になってきました。

チキンライスを薄焼きタマゴで包み、かっちりと巻いたものこそオムライスの醍醐味だと思うのですが。

『たつ匠』のオムライスは『ますや』とおなじく、当然のようにこのクラシックスタイルです。甘みをおさえたチキンライスを薄焼きタマゴで包み、ウスターソース系のデミソースを掛けてでき上がり。おとなのオムライスといった味わいで、五八十円はお値打ちです。

このお店では季節になるとカキフライもメニューに上がり、無理を言ってそれをオムライスにトッピングしてもらうこともあります。カキフライオムライスというわけです。

多彩なメニューのなかには〈天とじ丼〉もあって、揚げたての海老天をタマゴでとじた具を載せた丼です。これも五八十円。安くて美味しいと幸せになります。

30 京都らしい多様なカレーが盛りだくさん

京都とカレー。一見するとミスマッチのようですが、思いのほか親和性が高いのです。長い歴史を誇り、伝統を守り続けて来た京都の食文化ですが、生来がハイカラ好きの性格を持つ京都人は、海外との交流もひんぱんだったことから、新しい食文化を取り入れることにも積極的なのです。

肉食をはじめとする西洋料理をいち早く取り入れ、洋食文化を育ててきた京都ですから、カレーを出す店は明治時代からあったようです。もっとも主体となっていたのは、京都のお隣の大阪で、明治時代の終わりごろには、西洋料理店だけでなく、大衆食堂でもカレーがメニューに上がるようになっていたと言います。

京都の街にカレーライス専門店が登場したのは大正末期だというのが通説になっていて、終戦後に一気に増えたのだそうです。

ぼくがこどものころによく食べに行ったのは〈ジャワ〉や〈バリ〉ですが、どちらも、もうありません。なくなってしまうと殊更なつかしく感じてしまうもので、今流行りの妙に凝り過ぎたカレーには、なかなか馴染めないのです。

カレーライスとは言えないでしょうが、むかし池波正太郎のエッセイに出ていた《バターライスに半熟の卵を添えて、その上から鶏をカレーソースで煮込んだものをかけた》料理がどんなものか食べたくなって、富永町の〈たから船〉という洋食屋さんに行きましたら、インディアンチキンという料理でした。これは絶品というしかありませんでした。

その頃のカレーに近い味わいなのが、タマゴランチの項で書いた『ますや』です。五五十円の〈カツカレー〉もまた絶品と言いたくなります。

むかし話ばかりで恐縮ですが、かつて木屋町に〈インディアン〉というカレー専門店があり、最初からカレーとご飯が混ぜてある、独特のスタイルで病みつきになる味でしたが、ここも店仕舞いしてしまいました。その後継店が今は姫路にあって、あまりの懐かしさにそれだけを食べるために、わざわざ姫路へ行くほど美味しいカレーだったのです。

ぼく好みのカレーが次々と消えていくなかで、今も健在なのは聖護院の近くにある『ビイヤント』というカレー専門店です。

間口も狭く、細長い店はカウンター席だけですが、ここのカレーもクセになる味です。かなりの辛口で、今ふうに言えばスパイシー系となるのでしょうが、平たく盛られたサフランライスといい、適度な粘度のカレーソースといい、欧風カレーに分類したくなるカレーライスです。メニューは〈カツカレー〉と〈カレーライス〉のふたつ。それぞれカレーソースを選べます。ぼくはいつも〈カツカレー　ビーフカレー辛口〉です。

何十種類ものスパイスを使って、何時間煮込んだだの、本場インドの、といったカレーよりも、喫茶店で出てくるカレーのほうが好きだったりするのは、むかし人間の証拠なのでしょうね。

二条城近くの『喫茶チロル』。むかしながらの喫茶店ですが、ここの軽食は何を食べても本当に美味しいのです。〈カツカレー〉をはじめとして、カレーメニューが豊富なのも嬉しい限りです。

いつもどのカレーにしようか大いに迷うのですが、たいていは〈カレースパゲティ　目玉焼き載せ〉に落ち着きます。ボリュームたっぷりで、たしか七三十円だったと記憶しています。

もしくは〈ドライカレー〉。これも食べられる店が減りましたね。最近では〈ドライカレー〉と言えば、ひき肉とタマネギをカレー味で炒めて載せたものが主流のようで、むかしふうの、カレー味のヤキメシっぽい料理を出す店はめったにありません。『喫茶チロル』の〈ドライカレー〉はむかしながらの味そのままです。

もちろんふつうのカレーライスも、カツカレーもありますが、一度おためしいただきたいのが〈カレートースト〉。きつね色に焼けたトーストに、カップ入りのカレーソースが添えられているのです。じぶんで作るカレーパンといったところでしょうか。カレー好きには堪らないお店。それが『喫茶チロル』です。

京都らしいカツカレーとしてお奨めしたいのが、三条大橋近くにある『篠田屋』の〈皿盛〉というメニューです。お皿に盛ったご飯の上にカツを載せ、その上からさらりとした和風のカレー餡を掛けたものです。あっさりとした味わいながら、食べ応えもあるので、学生時代からずっと通っているのですが、最近は人気が出過ぎて、行列ができてしまうことが多く、足が遠のいています。

カレーの変化球のひとつであるカレーラーメンも、京都ではよく見かけるメニューです。ラーメン屋さんでも、うどん屋さんでもこのメニューを見つけたら必ずためしてみたくなりますが、ぼくのイチオシは同志社大学の近くにある『柳園』という街中華のお店の〈カレーラーメン〉です。

細打ちのストレート麺に、どろりと絡むカレー餡は濃厚な味わいで、ほかでは食べられない独特のラーメンです。辛くて熱いのがカレーの身上だとよく分かります。

31 京都はラーメンより中華そば

洛北一乗寺近辺に〈ラーメン街道〉と呼ばれる道筋があります。自然発生的に何軒ものラーメン屋さんが集まって来た結果、そう呼ばれるようになったのですが、それほどに京都はラーメン激戦区でもあります。

ひとむかし前の話ですが、京都の食はなんでもあっさりと淡白だというイメージがあったせいで、〈京風ラーメン〉なる極めてあっさりしたラーメンが人気を呼んでいました。澄まし汁のような和風のあっさりスープと、そうめんを思わせるような極細麺が特徴でした。これを売りだした人は、きっと京都人のほんとうの好みをご存じなかったのでしょう。典型的な〈京の薄味伝説〉です。

『天下一品』というラーメンチェーンが全国展開されるに至って、ようやくこれが誤解によって生みだされたものだと分かったのでしょう。今やその〈京風ラーメン〉なるものは、影も形もありません。

京都のラーメンといえばこってり味というイメージが定着してきました。若いころはそんなラーメン屋さんを巡っていましたが、いろんな意味でくどくなったラーメンから遠ざかるようになり、今ではもっぱら中華そばと呼ばれるもの一辺倒になりました。ラーメンと中華そば。似ているようで別ものだと思っています。特に定義があるわけではありませんが、うどん屋さんで出てくるのが中華そばで、ラーメン専門店や中華屋さんで出されるのがラーメンというのが、ぼくの大まかな分け方です。

うどん屋さんの中華そばと言って、すぐ頭に浮かぶのが『めん房やまもと』というお店のそれです。

四条通の室町通を西に越えて、ひと筋目を北へ上がると迷路のような細道が入り組んでいます。ここは撞木辻子《しゅもくのずし》と言って、通り抜けができる路地になっています。この撞木辻子の中ほどにある『めん房やまもと』は麺類全般、丼物から定食まで、なんでもござれのお店です。昼どきになると近所のビジネスマンで狭いお店がいっぱいになります。

注文してから揚げてくれる海老天の載った天ぷらそばも美味しいのですが、かくれた人気メニューとなっているのが中華そばです。

お店に訊いたわけではないので、確証はありませんが、おそらくは醤油ベースの鶏ガラスープだろうと思います。懐かしい渦巻模様のラーメン鉢が運ばれてくると、なんとも言えずいい匂いが漂ってきます。

透き通ったスープに細いストレート麺、焼豚が二枚、メンマ、もやし、刻みネギがトッピングされてコショーが掛かっています。まずはこの見た目が、いかにも京都らしくていいのです。背脂が浮いてギラギラしているわけではなく、山盛りのチャーシューが載るわけでもない。必要にして充分な具に引き立てられた中華そばが、潔いビジュアルを見せてくれます。

見て美しく、食べて美味しい中華そばですが、これを食べていつも感心するのは、もやしのひげ根がちゃんと取ってあることです。

お店にとっては、どちらかと言えば専門外の中華そばであっても、ここまでていねいに仕事をするという姿勢が清々しいのです。今どきのラーメン屋さんはラーメン専門なのに、ここまで気を配ってくれません。ひと手間加えることで、ひとはどれほど美味しく味わえるか。ぜひこのお店の中華そばを食べてみてください。

この店ではカレーうどんを中華麺にも替えてくれます。いや、このお店に限ったことではありません。中華そばをメニューに載せているうどん屋さんなら、頼めばどんなうどんでも中華麺に替えてくれるはずです。

京都ではそれを〈キーシマ〉と呼ぶことが多く、カレーうどんの場合は、〈キーカレー〉

と言って頼みます。

別の項で〈たぬきうどん〉をお奨めした『殿田食堂』の中華そばは見た目には更にシンプルですが、『めん房やまもと』に比べていくらか濃いめのスープが病みつきになる美味しさです。もちろんこの店でも〈キーシマ〉があって、ぼくはよく〈キーたぬき〉や〈キー鍋焼き〉を頼みます。

ラーメン専門店のラーメンというのは、気合が入りすぎているせいでしょうか、ぼくのような歳になると食べ疲れするのですが、中華そばだと逆にほっこりするのは、なんとも不思議な気がします。

片手間で作っているわけではないのは、先の『めん房やまもと』の例でお分かりになるだろうと思いますが、カレーの項でご紹介した『篠田屋』の〈中華そば〉もお奨めしたい逸品です。

あるいはタマゴランチのところでご紹介した『たつ㐂』もしかりです。ちゃんと作ってあるのに、力が入りすぎていないから、食べていてほっこりするのでしょう。スープも具もきわめてシンプルながら、麺の一本もスープの一滴も残さず食べ終えてしまう。京都に来たらラーメンより中華そば。ぜひおためしください。

32 さまざまに展開する京都の餃子

京都と餃子。あまり似合いそうにありませんが、むかしから京都は美味しい餃子を食べられる街として知られていました。

東京オリンピックが開かれたころだったでしょうか、今の北大路通烏丸、当時の呼び名の〈烏丸車庫〉近くにあった〈百花村〉という中華屋さんの焼餃子は大人気を博していて、いつもお店のなかはお客さんであふれていました。

店の隅に置かれたテレビで、プロレス中継を見ながら美味しい餃子に舌鼓を打ったことを懐かしく思いだします。

それから三年ほど経ったころにできたのが、今や全国にその名を知られるようになった『餃子の王将』です。日本中にいったい何軒あるのか分からないほどですが、最初のお店は四条大宮近くにオープンしました。

それから、あれよあれよという間にお店が増え、安くて美味しいこともあって、いつの間にか京都で餃子と言えば『餃子の王将』となってしまいました。そして京都人のあいだでは〈王将〉というだけで『餃子の王将』だと通じるようにさえなったのです。

その流れに乗ったのかどうかは分かりませんが、京都のラーメン屋さんや、街中華のお店でも必ず餃子はメニューに載るようになりました。

『餃子の王将』の次に、京都で餃子好きが多く訪れるようになったのは『ミスター・ギョーザ』。『東寺《とうじ》』の近くにオープンしたのは昭和四十六年と言いますから、『餃子の王将』ができてから四年後のことになります。

『ミスター・ギョーザ』は『餃子の王将』のような多店舗展開はせず、今も店舗は九条通新千本通から少し北東に入った辺りにあるお店だけです。

このお店は餃子だけでなく、ラーメンや唐揚げもあってラーメン屋さんのように使うお客さんもいるそうです。

その餃子の特徴をひと言で言えば、クセになる味、です。お菓子のコマーシャルではありませんが、やめられないとまらない、のです。お店で食べるときは、〈キュウリの丸漬〉を合いの手にして、二人前、三人前と食べてしまいます。

いっぽう、祇園界隈で耳目を集めるようになった餃子屋さんは『泉門天』というお店です。専門店。うまく字を当てたなぁと思います。

四条花見小路という、艶やかな場所にオープンしたお店の餃子は、舞妓さんのおちょぼ口でも食べられるようにと、ひと口サイズになっているのが新鮮でした。餃子には入っていて当然だったニンニクを入れないのにも、意表を突かれました。なるほど、これなら舞妓さんが食べても大丈夫だ。

祇園で飲んだ帰りは『泉門天』で餃子をお土産に持って帰るのが、お父さんの流儀となりました。〆にお店で食べて帰る人もいれば、飲み屋さんへ手土産に持っていく人もあり、下鴨に支店もできて、いつしか京都名物となりました。惜しまれつつ一度店仕舞いしましたが、また復活をとげ、今も人気を博しています。

舞妓さんのおちょぼ口に合うひと口サイズになっている『泉門店』の一口餃子

庶民の味方である『餃子の王将』、個性的な味がクセになる『ミスター・ギョーザ』、ちょっとオシャレな『泉門天』と京都発の餃子が三つ巴になって人気を保ち続けるなか、平成も終わるころになると新たな流れが出てきました。

あるリージョナルマガジンは、〈京都餃子戦国時代〉と書いていましたが、言い得て妙です。いろんなスタイルの餃子屋さんができてきたのです。

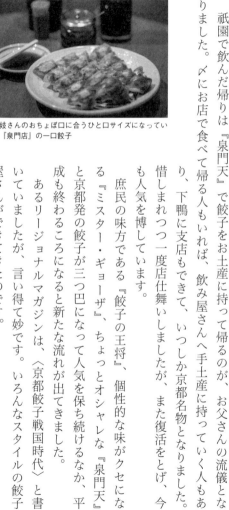

目新しさにつられて何軒か行ってみましたが、どこも〈こだわり〉を強調するあまり、空回りしているように思いました。あとを引かないのです。

というわけで、京都で餃子となれば、まずは先に上げた三軒をお奨めします。

そしてそこに加えるなら、近年急激に人気が出てきた『マルシン飯店』の餃子でしょうか。

東大路通の三条通を少し下がった辺りの西側にある『マルシン飯店』は、昭和五十二年の創業だそうですが、長時間営業の中華屋さんということでよく知られていました。

お昼に店を開けてから翌朝まで営業していて、このお店のひとはいつ寝ているんだろうと噂になったものです。ぼくはこの店の天津飯が大好きで、祇園で飲んだ帰りの真夜中に天津飯をかき込んだことがよくありました。皮と餡のバランスが絶妙の餃子は持ち帰りもできて、宅配にも対応していますから、家でプロの味を愉しめるのもありがたいですね。

ワイン片手にお店で食べる餃子も乙なもの。河原町三条近くの『杏っ子』なら、〈鉄鍋ぎょうざ〉や〈海鮮水ぎょうざ〉、〈土鍋水ぎょうざ〉など多彩な餃子をワインと一緒に愉しめる貴重なお店です。〈鉄鍋ぎょうざ〉はパリッと芳ばしい皮と、むっちりと旨みが染み出る餡が、ちょうどいい按配の餃子で、これがワインによく合うのです。おひとり様用セットもあるので、ひとり餃子には恰好のお店です。

33 京都の居酒屋でまったりする

お酒の功罪というものは、人類がはじまってからの課題でありながら、未来永劫その答えは出ないのではないだろうかと思っています。

〈酒は百薬の長〉という言葉もありますが、いっぽうで身体には有害以外の何ものでもない、とも言われます。適量なら、とはよく言われることですが、人それぞれ、適量の概念も異なりますし、なにより、適量が守れるぐらいなら最初からお酒など飲んでいない、という声もしばしば耳にします。

飲酒運転や、飲めない人への強制は論外ですが、夕食のときにお酒があるかないか、でその心持ちは大きく変わって来ます。

下戸の方には申しわけない限りですが、やはりお酒があると食事の時間が豊かに過ごせるような気がします。というのは、俗に言う〈酒飲みの自己弁護〉というものでしかないのでしょうが。

いざ京都で夕食となって、やっぱり美味しい和食が食べたい。でも、割烹となると少し肩ひじ張りすぎるし、かといって、ありきたりの居酒屋では物足りない。京都らしい雰囲気もあって、おばんざいと一緒に銘酒を愉しめる店に行きたい。

　そんな方たちにお奨めしているのは、酒亭とでも呼びたくなるような、通好みの居酒屋です。千本中立売にある『神馬《しんめ》』、先斗町通の中ほどにある『先斗町ますだ』、そして川端二条にある『赤垣屋』の三軒を、ぼくは勝手に〈京の三酒亭〉と呼んでいます。

　料理よし、酒よし、雰囲気よし、と三拍子そろった酒亭では、地元民と観光客が互いの領分を守りながら、京都らしい酒席を愉しんでいますが、いくらか堅苦しさを感じるとおっしゃる観光客の方もおられます。京都の歴史あるお店にありがちな、ややアカデミックな空気があるからでしょうね。

おばんざいと一緒に銘酒を愉しめる店『神馬』

　特段京都らしい雰囲気は求めないが、もう少し気楽に京都ならではの空気を感じられるお店で飲んで食べたい。

　そうリクエストされたら、迷わずお奨めするのが『聖護院《しょうごいん》嵐まる』というお店です。カウンター席がメインですが、少人数向けのテーブル席や、グループ客向けのお座敷席もあります。いろんな場面で重宝するお店は、地元の食通たちから親しまれていて、ぼくも定期的に食べに行っています。

ときには家族揃ってお座敷で、もありますが、基本はカウンター席で店主の手さばきや、冷蔵ケースに入っている食材を眺めながらの夕餉です。

お奨めする理由その一は、とにかくメニューが豊富なことです。わけても魚料理のバリエーションは選ぶのに迷うほど多くのメニューがあります。そしてそのどれもが美味しいのですから、魚好きには堪えられません。それもそのはず、店主は無類の釣り好きで、休みの日はもちろん、営業日でも早朝から海へ出て魚釣りにいそしむのです。自ら釣り上げた魚たちですから、その新鮮さは言うまでもありません。お造りはもちろん、和洋中と多彩な料理法で、客の舌を愉しませてくれます。

いつのころからでしょうか。飲食店を紹介するのに、店主自ら、という枕詞《まくらことば》が誉め言葉として使われるようになりました。

店主自ら魚をさばき……、当たり前のことなのに、さもそれが特筆すべきことのように語られるのですから、おかしな時代になったものです。店主自ら市場へ仕入れに出向き……、これも当たり前でしょう。店主自ら畑に入りこんで、野菜を収穫し……、この辺りから、店主自らという枕詞が流行りだしたような気がします。さもたいそうなことのように喧伝されますが、それほどたいへんなことのようには思えません。

しかしながら、店主自ら海に出て釣り上げる……、となると話は別です。そうそう容易いことではないでしょう。ましてや京都の街が海から遠いのは周知の事実です。お店の合間を縫って海へ行くだけでもたいへんなことなのに、少々海が荒れていても船に乗って自ら魚を釣ってくるということだけで、並々ならぬ魚への情熱を感じます。

どんなものでも、自分が手掛けたものには熱が入ります。苦労して自分が釣ってきた魚に愛情を注がないわけがありません。『聖護院嵐まる』の魚料理が美味しくなるのは当然の理なのです。

妙にこだわりを持って、この魚にはこの料理法しかない、と言いきる料理人さんを、ぼくは苦手としているのですが、この店の主人はまるでその逆です。客の好みに合わせて調理してくれます。なればこそ、豊富なアレンジの肉料理もあれば、お店名物の〈鯛カツチャーハン〉なんていうメニューもあるのです。

お酒も然り。日本酒や焼酎の品揃えも豊富ですが、ぼくの好きなスパークリングワインもちゃんと置いてありますし、お酒が飲めない方も充分愉しめるようになっているところが、酒亭との大きな違いだろうと思います。

お酒大好きという方にはもちろん、お酒は飲めないけれど、居酒屋さんの雰囲気が好きだとおっしゃる方には恰好のお店です。居酒屋と割烹のいいとこ取りを愉しみましょう。

第四章 京都の奥深い歴史を学ぶ

34 『御《お》土《ど》居《い》』の謎を探る

先にお奨めした賀茂川歩きをされたら、『上賀茂神社』近くの西岸、賀茂街道と堀川通が交差する辺りを歩いてみてください。堤の上の賀茂街道西側に『加茂川中学校』という学校が隣接していますが、その北端を見ると『御土居』の遺構が目に入ってきます。金網で囲まれていて中には入れませんが、説明板が立っているので読んでみてください。

『御土居』は天正十九年、豊臣秀吉の命で築かれた土塁ですが、その目的は諸説あり、謎とされている部分も少なくありません。いったいなんの目的で、この『御土居』は築かれたのか。思いを馳せ、あれこれと推理してみるのも愉しいものです。

〈史跡御土居〉と題された説明板には――長い戦乱により荒廃していた京都を整備すべく都市計画を行ったとき、外敵の襲来に備え、その防塁として築いた土塁（土居）である――と記されています。つまり敵が入ってこないように作った、と書いているのです。

しかしながら、実物をご覧になれば分かるように、この程度の高さの土塁で敵の侵入を防げるとはとても思えません。

『御土居』は土塁と堀で作られていて、それぞれの高さや深さは三メートルから五メートルしかありません。たとえ戦国時代だったとしても、両方合わせても高々十メートルほどの壁で、外敵の侵入を防ぐのは無理というものです。

『御土居』の幅はおよそ二十メートルですが、それを全長二十二キロにわたって、京都の街に張り巡らせたのですから、どれほど多くの守衛を立てたとしても、よじのぼって侵入して来るものは多く居たことでしょう。

もうひとつの説は治水です。かつて白河法皇は――賀茂河の水、双六の賽、山法師、是ぞわが心にかなわぬもの――と嘆いたと平家物語に書かれています。それほど鴨川は暴れ川だったのでしょう。

土木技術が格段に進歩した令和の時代になっても、川が氾濫して大きな被害を出すことは完全に防げないのですから、当時の暴れ川がどれほど厄介なものだったかは、容易に想像できます。

まったくゼロになったわけではありませんが、それでも『御土居』が築かれて以降は、鴨川が氾濫して甚大な被害を及ぼす機会は激減したようです。加えて、洪水を恐れるあまり、仮設住宅のような家しか建てられなかった鴨川近辺で、『御土居』が築かれてからは、二階建ての恒久的な家が建てられるようになったと言われていますから、治水面で大きな役割を果たしたことは間違いないでしょう。

しばしば京都の街は、碁盤の目と言われるように、整然とした街並みで知られていますが、その基となったのは、平安京を整備した〈天正の地割〉によるものだと言われていて、それを行ったのは、誰あろう豊臣秀吉なのです。

となれば、『御土居』はその一環だったと考えるのが自然だと思います。言い換えれば、京都の街を整備するのに、『御土居』は不可欠な存在だったと言えるでしょう。それゆえ、これほどの土塁を、わずか三か月の工期で完成させたのだろうと思います。

毀誉褒貶《きよほうへん》、賛否両論、さまざまな考え方、捉え方がありますが、多くの方々が今、京都を訪れ、この街のあり様を好ましく感じておられるのは、やはり秀吉のおかげだろうと思っています。

中国は西安の都に倣って作られた平安京の街並み。それから八百年という長い年月を経て、秀吉が〈天正の地割〉として新たに整備し直したことで、今の京都の大路小路、路地、辻子などが形成され、独特の街並みが生まれたのです。

ざっくり言いますと、平安京は一辺が百二十メートルと長い町割りだったので、真ん中に空白地が出来ていたのです。それを秀吉が短冊形に細分化したことによって、無駄なく土地が活用されることになり、路地や辻子が張り巡らされた、情緒ある街並みが生まれたのです。

多くの人々が住んでいる京の街を改変するわけですから、当然その弊害もありますし、迷惑をこうむる人も決して少なくはなかったでしょう。その典型例が、〈天使突抜《てんしつきぬけ》〉という地名であり、これこそが『御土居』を築く目的のひとつを象徴している地名なのです。

当時の上京は屋敷町として知られ、下京はもっと庶民的な人が住む下町だったのですが、秀吉は『御土居』を築くことで、これを一体化しようとしたと伝わっています。そしてその最大の理由は、自らの本拠とする伏見まで、上京の活気を引っ張ってくることにあったようです。

地割によって、上京と下京を貫く通りを新たに作り、それを〈突抜通《つきぬけとおり》〉と呼び、新たに生まれた街を〈突抜町《つきぬけちょう》〉と名付け、今もそれらは残っています。そのひとつに〈天使突抜〉があるのですが、これは『五條天神宮《ごじょうてんしんぐう》』という由緒正しい社の境内に強引に〈突抜通〉を作ったことに、町衆が怒りを込めて名付けたと言われています。

緑に覆われた、こんもりとした土塁を見ていると、そんな秀吉の腕力と町衆の反応が、目に浮かんでくるのです。

35 『伏見稲荷大社』の千本鳥居を本気でくぐる

森羅万象。世のなかで起こる、ありとあらゆる事象には、決まっていい面と悪しき面がある。『伏見稲荷大社』を参詣し、稲荷山を巡り、千本鳥居をくぐるときは、いつもそんな思いにかられたものです。

当然のことながら、これらの鳥居は最初から建ち並んでいたのではなく、一本、また一本と、少しずつ増えて今に至っているのです。そしてこれらの鳥居は、すべてが寄進されたもので、お稲荷さんを崇敬する人たちが、感謝の気持ちを込めて奉納したものなのです。

ほんの十年ほど前までは奥社参拝所に至る参道に連なるこの千本鳥居をくぐる人の姿は、さほど目立ちませんでした。

ゆるやかな曲線を描く朱い鳥居の列が、折り重なるように続き、そこに誰も人が居ない写真も容易に撮れたものでした。

そして自分の顔が朱く染まるような錯覚を覚えながら、長い参道を歩くうち、心が浄化されるというか、無の境地に入っていく瞬間を感じることがよくありました。

思わず日の出を見て手を合わせるのとおなじように、あるいは赤々と燃えあがる焚火の火を見て心をたかぶらせるのとおなじで、朱い色が心の奥底に潜むなにかと反応するからだろうと思います。

これこそがまさにプリミティブな、信仰につながるのでしょう。そう思って、折に触れ千本鳥居をくぐりに行っていたのですが、ここ数年はそれが叶わなくなりました。

なにが切っ掛けになったのかは分かりませんが、おびただしい数の人々がこの千本鳥居へ押しかけるようになったのです。その多くは外国から来られた観光客の方たちでした。それは観光産業振興として見れば喜ばしいことであるいっぽうで、信仰をさまたげる要素にもなってしまいました。

ゆるやかな曲線を描く朱い鳥居の列が、折り重なるように続く千本鳥居

鳥居を奉納した人たちとおなじように、感謝の念を持って参拝されるのならいいのですが、大半の人たちの目的はただひとつ。俗にインスタ映えと呼ばれる写真を撮ること

なのです。

着物を着るのがお決まりのようになっているようです。まともな着付けをされているならいいのですが、まるでガウンでも羽織るかのように、だらしなく着崩した姿からは、崇敬などといった言葉はかけらも感じられません。ポーズを取ったり、長く立ちどまったり、嬌声をあげながら写真を撮る人たちの間を縫って、心静かに参拝することなどできようはずがありません。

こうして、しばらく遠ざかっていた千本鳥居ですが、コロナ禍のおかげで観光客の姿は激減し、元の静けさを取り戻すことができるようになりました。なんとも皮肉なことですが、冒頭に書きましたように、まさに森羅万象、かならず裏表があるのです。

多くの参拝者で賑わう『伏見稲荷大社』ですから、そこへと続く参道には土産物屋さんや飲食店など、門前で商いをされている方も多くおられるわけで、その方たちは、以前のようなインバウンド客の復活を望んでおられるだろうと推察します。

しかしながら、過ぎたるは猶及ばざるが如し、という言葉があるように、あのころの賑わいはやはり過剰だったと思います。最近の言葉で言うところのオーバーツーリズムです。これはなにも『伏見稲荷大社』だけのことではなく、京都の街ぜんたいがそうだったように思います。

京都駅はもちろんのこと、京都中が観光客に占領されてしまったかのような光景に、京都を敬して遠ざける人たちも出てくるほどでした。とりわけ京都に住む人たちにとって、大きな障害にすらなっていたのです。

これから先がどうなるのかは分かりませんが、しばらくのあいだは元の姿を取りもどした『伏見稲荷大社』を心静かにご参拝いただけるだろうと思います。

さてその『伏見稲荷大社』ですが、千三百年の歴史を数える、由緒正しき古社です。日本中に三万社あるとも言われる稲荷神社の総本宮として、広く信仰を集めています。

古く奈良時代。そのころの京都では秦一族の、秦伊呂具《はたのいろぐ》は裕福な暮らしを続けていて、お餅を的にして矢を射ると白い鳥になって飛んで行き、山の峯におりたところに稲が成ったといいます。それを見た秦伊呂具は過ぎた贅沢を悔い、社を建てたのが『伏見稲荷大社』のはじまりと言われています。稲成り、が稲荷に変化したとも言われるように、五穀豊穣、商売繁盛のご利益があるとされているのです。

お稲荷さんと言えば狐。この社では境内のあちこちで狐の姿を見かけますが、これは狐が神のお使いで眷属とされているからです。

鳥居は、願いが通る、の意とも言われ、神の聖地聖域を表わし、それを朱塗りすることは、稲荷大神の御神徳である「豊穣」を表わしている。そんな由来を噛みしめながら千本鳥居をくぐれば、きっと神さまのご加護が得られることでしょう。

36 『千本釈迦堂《せんぼんしゃかどう》』で古色に酔う

京都にはおおく通称寺があります。正式名称ではなく、広く親しまれている呼び名で地図にも記され、バス停の名称にもなっているお寺は少なくありません。

たとえば紅葉の名所として名高い『永観堂』の正式名称は『聖衆来迎山《しょうじゅらいごうさん》　無量寿院《むりょうじゅいん》　禅林寺《ぜんりんじ》』ですが、そんな長い名前を言っても、京都人にも分かりません。ためしにタクシーの運転手さんにそう告げてみてください。きっと首をかしげ続けるでしょう。ご近所の方に尋ねてもきっとおなじ反応が返ってくると思います。それとおなじような例はいくつもあります。

ひとつクイズを出してみます。

京都で世界文化遺産に登録されている、次の三つのお寺のうち、通称寺はどれでしょう？　『東寺』、『金閣寺』、『銀閣寺』。

お分かりになりましたか？　実は三つとも通称寺なのです。『東寺』は『教王護国寺《きょうおうごこくじ》』、『金閣寺』は『鹿苑寺《ろくおんじ》』、『銀閣寺』は『慈照寺《じしょうじ》』です。通称は、愛称と言い換えることができますから、愛称で呼ばれるほど親しまれているということになりますね。

金閣があるから『金閣寺』、銀閣があるから『銀閣寺』、羅城門をはさんで、東と西にお寺があったから『東寺』。シンプルで分かりやすいですね。

どれほど格式の高いお寺であっても、長い歴史を誇るお寺でも、おなじです。それほどに京都ではお寺と町衆が近しい関係にある証左かもしれません。

そんな通称寺のひとつに『千本釈迦堂』というお寺があります。

正式名称は『大報恩寺《だいほうおんじ》』。通称が示すように千本今出川近くに建っています。正式名称にある〈報恩〉は仏教用語です。

いただいている恩に気付くことを〈知恩〉と言い、いただいた恩を今度は誰かに送ることを〈報恩〉と言います。つまりは〈恩送り〉ですね。これを順送りして数珠つなぎができれば、平和な世の中になるという意で付けられた寺名だろうと思います。

そして通称の釈迦堂については、ご本尊が釈迦如来像であることに由来しているのでしょう。

京都にはもうひとつ釈迦堂と呼ばれるお寺があり、それは『嵯峨釈迦堂』。正式名称は『清凉寺』です。こちらも当然ながらご本尊は釈迦如来像です。

では『千本釈迦堂』を参詣するとしましょう。

千本今出川の交差点から千本通を北へ上がり、ひと筋目、五辻通を西に折れてまっすぐ歩くとお寺へ続く参道に出ます。〈国宝　千本釈迦堂〉と刻まれた立派な石柱が迎えてくれます。

左右両側に築地塀が続く、長い石畳の道をまっすぐ歩くと山門があり、その手前となかには、春になるとみごとな花を咲かせる桜の木が植えられています。染井吉野や枝垂れ桜、実はこのお寺は隠れた桜名所でもあるのです。

伸びやかな境内の正面には立派な〈本堂〉が、優美なカーブを描く屋根を持ち、美しいプロポーションを見せていますが、この〈本堂〉そのものが国宝に指定されています。

このお寺の創建は鎌倉時代初期の一二二七年と言いますから、八百年の歴史を持っています。京都にはほかにも八百年、もしくはそれ以上の歴史を誇るお寺も少なくありませんが、そのなかでこの『千本釈迦堂』の本堂が

〈本堂〉が創建当時の建物のため国宝に指定されている『千本釈迦堂』

とりわけ貴重とされ、国宝にまで指定されたのは、この〈本堂〉が創建当時の建物そのままのものだからです。

平安京から長く続く京の街は、戦乱をはじめとして、幾度となく火難に遭ってきました。代表的なもので言えば、〈天明の大火〉、もしくは〈応仁の乱〉。どちらも京都の街を焼き尽くしたと伝わり、多くの寺社もそれによって建造物を焼失しました。

今も京都は平安京のイメージを保ってはいますが、現実に目を向けると、その当時からの建築はほとんど残されていません。『千本釈迦堂』の〈本堂〉が京洛最古の建造物なのです。少しばかり意外に思われませんか。世界文化遺産にも登録されていなければ、誰もが知る有名なお寺でもないのに、国宝に指定された京都最古の建造物を擁している。これこそが京都の奥深さを表す典型例なのです。

国宝に直に触れる機会などそうそうあるものではありません。早速〈本堂〉に入ってみましょう。仰々しさこそ感じさせませんが、堂内は古色蒼然としています。そしてその柱には〈応仁の乱〉の際についたと言われる刀疵が残っているのですから、歴史好きの方には堪えられないでしょう。

さらにこのお寺には目を見張るお宝が遺されていて、それは〈本堂〉に隣接する〈霊宝殿〉に納められていて、入館すれば間近に観ることができます。

そのお宝とは、慶派と呼ばれる仏師一門の優れた仏像の数々です。運慶、快慶、定慶《じょうけい》などの作品がずらりと並ぶさまは圧巻としか言いようがありません。いずれも重要文化財に指定された快慶作の〈十大弟子立像〉や、定慶作の〈六観音菩薩像〉は、ただただ見惚れるばかりの美しい仏像です。仏像とはかくも美しいものか。誰もが必ずそう思うのです。

37 鷹峯《たかがみね》『常照寺《じょうしょうじ》』で吉野太夫の悲恋を想う

京都の街をイメージしたイラストに決まって登場するのは、艶やかな着物を着た舞妓さんや芸妓さんです。これはおそらく京都だけのことではないでしょうか。

もちろん江戸をはじめ、日本各地に花街があり、そこには芸妓さんがおられるはずですが、それがその街を代表するシンボリックな存在にはなりませんね。

花街、芸妓という言葉からは、歓楽的な印象が伝わってきますし、遊郭にも通じますから、あまり健康的なイメージではないからでしょうか。とりわけ遊女と言われる女性になると、日陰の身と思われがちです。

いくつもの花街が存在する京都ですから、当然のことながら、かつては多くの遊女がいたことだろうと思いますが、あまり淫靡な印象はありませんね。それはなぜかと言えば、遊女のなかの最高峰と呼ばれる、太夫の存在があったからなのです。

太夫とは元は中国の官位である大夫から派生した言葉です。

その大夫が宮中における芸事全般を取り仕切っていたことから、日本では歌舞伎の女形の筆頭格をそう呼ぶようになり、やがて芸事のすべての世界で、芸を極めた最高峰を太夫と呼ぶようになったと伝わっています。

したがって、遊女のなかの最高峰ともなれば、美貌を生かした舞だけではなく、茶道、華道、書道から、和歌に優れていたことはもちろん、琴や琵琶などの楽器も弾きこなせたと言われています。

その太夫のなかでも群を抜いて秀でていたのが、二代目の吉野太夫です。

慶長十一年の生まれと言いますから、今から四百年以上も前の時代です。七歳のころに禿《かむろ》と呼ばれる遊女修業の道に入ります。今の時代とは寿命が異なるといえども、たった七歳で遊女という仕事を選ぶのですから、なんとも凄まじい人生ですね。

それから七年が経ちました。今にたとえれば小学校の六年間に当たるでしょうか。どんな勉強をし、どれほどの研鑽を積んだのか。おそらくは筆舌に尽くしがたいものだったに違いありません。わずか十四歳のときに太夫になったというのですから、ただただ驚くばかりです。たびたびで恐縮ですが、今に重ねれば中学二年生です。その歳で遊女の最高峰に上り詰めたというのですから、言葉もありません。もしもそれが自分の娘だったらと思うと、胸が張り裂けそうになります。

今は島原と呼ばれている花街ですが、当時は六条三町筋と呼ばれていたようです。その花街にわずか十四歳の太夫が誕生したのですから、話題にならないわけがありません。たちまちのうちに評判となり、公家や大名、大店の旦那衆たちは、競って贔屓筋となり、今の人気飲食店さながら、予約の取れない遊女となっていたそうです。

そうなってくると、男たちの独占欲はかき立てられ、身請け争いが勃発することとなります。誰が二代目吉野太夫の身請けをするのか。きっと今の時代ならワイドショーの芸能コーナーは、この話題で持ちきりになること間違いありません。

吉野太夫ほどになると、その身請け金は半端なものではなかったでしょう。最後は貴族と豪商が争うことになり、最終的に勝ったのは後者、灰屋紹益《はいやじょうえき》という紺灰《こんばい》業の跡取りでした。

灰屋紹益は名うての遊び人として知られるいっぽうで、和歌や茶の湯、俳諧にも通じていて随筆を書き遺すほどの文筆家だったと伝わっています。

紹益は最初の妻と死別していたとは言え、当時はまだ二十二歳。身請けする相手の吉野太夫は二十六歳でしたから四つ歳上の姉さん女房となりました。

豪商に身請けされたのだから、さぞや裕福な暮らしだっただろうと思いきや、遊女を娶《めと》るなどなんたることと、紹益は養父に絶縁され、家を出ていくはめになりました。

ふつうならそこで離縁してしまうのでしょうが、吉野太夫は紹益を心底愛していたようで、貧しい暮らしを厭うことなく、小さな家でつつましく暮らしていたと言います。

そんなある日のこと。紹益は仕事に出かけ、吉野太夫はひとりで家事にいそしんでいましたが、急に大雨が降りだしました。ふと見ると表の軒先に雨宿りしている男がいます。かなり雨に打たれたようで、着物がしとどに濡れています。吉野太夫は男に声を掛け、家に上げて着物を拭いて茶菓子でもてなします。

男はいたく感激し、仲間にその話をすると、その家に住むのは吉野太夫だと聞き、驚きのあまり声も出ませんでした。なんとその男は紹益の養父だったのです。すぐさま勘当を解いたと言いますから、神さまはすべてお見通しだったのですね。

紹益に身請けされてから十二年後、三十八歳という若さで生涯を閉じた吉野太夫は、鷹峯『常照寺』に眠っています。それは法華経を篤く信仰していた吉野太夫が、身請け前の

吉野太夫が眠る鷹峯『常照寺』

二十三歳のときにこの寺へ〈赤門〉を寄進したことが由縁になっています。

いっぽうで紹益は西陣の『立本寺《りゅうほんじ》』に眠っていて、それを不憫に思った人たちの手で、『常照寺』の境内に、ふたりを供養する〈比翼塚《ひよくづか》〉が建てられました。なにしろ紹益は、その死を悼むあまり、遺灰を酒に混ぜて飲みほすほど愛していたのですから。

――都をば　花なき里になしにけり　吉野を死出の山にうつして――

太夫を亡くし悲しみに暮れる紹益が詠んだ歌は、寂しげに石に刻まれています。

38 お寺の窓は隠れた見どころ

京都を訪れる方のなかで、お寺巡りをその目的とされている方は、たくさんいらっしゃるだろうと思います。

では、何を基準にして訪ねるお寺を選んでおられるのでしょうか。

と、その前に、京都市内にはたくさんのお寺がありますが、いったいいくつくらいあると思いますか？

平成十九年現在で、一六〇八寺だそうです。増えることはめったにありませんが、廃寺になったりして多少減ることはあります。それでもおそらく一六〇〇を切ることはないでしょう。想像より多いですか？　少ないですか？

よほどのお寺好きでなければ、参拝されたお寺の数は、このうちの百を超えることはめったにないでしょう。それもほとんどは、よく名の知れた有名寺院だろうと思います。

俗に言う〈観光寺院〉も見るべきものはたくさんありますが、あまり知られていないお寺には、隠れた見どころがあります。

その代表的なものは日本庭園ですね。

枯山水や、池泉《ちせん》回遊式庭園など、その形式も異なれば、小川治兵衛《おがわじへえ》、小堀遠州《こぼりえんしゅう》など、作庭家によっても、その味わいは大きく違ってきます。

正しいお庭の拝見法などを含め、お寺の庭園のあれこれについては、今さらぼくが語らなくても、ガイドブックや手引き本などに詳しく書かれていますから、それらを参考にされればいいかと思います。

もしくは仏像もそうですね。仏像ブームと言われだしてから久しいのですが、その人気は高まるいっぽうです。仏像以外であまり注目されていないだろう切り口でのお寺巡りをご紹介したいと思います。

お寺を参拝して本堂などの建家に上がりこむと、どこかしらに必ず窓があります。仏像や日本庭園と違って、窓は日ごろから見慣れているせいもあって、ほとんどの方は目もくれずに通り過ぎてしまうのですが、なんとももったいないことだと思っています。

窓というと、外の明かりを取り入れるとか、風を通すとか、つい実用面に気がいきますが、じつは美しい情景を生み出すのに大きな役割を果たしているのです。

西洋の教会ですと、多くがステンドグラスを使い、カラフルな意匠で目を引き、ときには物語を具象的に描きだし、信仰を深める役目も果たしているようです。

『常照寺』の吉野窓

『源光庵』の〈悟りの窓〉と〈迷いの窓〉

　これに比べて日本のお寺では、モノトーンを旨とし、陰翳礼讃とばかりに、光と影が生み出す、落ち着いた意匠が特徴です。角か丸かによっても雰囲気は異なりますし、嵌められた障子の桟によっても、見た目の印象が変わります。

　一番のお奨めは〈吉野窓〉。代表的なのは吉野太夫の悲恋をご紹介した『常照寺』の茶室『遺芳庵《いほうあん》』にある〈吉野窓〉。お察しのとおり、〈吉野窓〉は吉野太夫に由来する窓の形式で、大円ながら真円ではなく、下のほうにわずかばかりの直線を施したものを言います。真円は仏教では真理や悟りを表すと言われ、吉野太夫は自分を完全なものとみなさず、その意を込めて、不完全な円形の窓にしたと言われています。

　『常照寺』のほかに、嵯峨野にある『祇王寺《ぎおうじ》』でもおなじ〈吉野窓〉を見ることができます。苔むした境内の奥に建つ〈草庵〉の控えの間にある〈吉野窓〉は、別名を〈虹の窓〉とも呼ばれていて、射し込む日差しが丸窓の障子に色とりどりに映しだされます。

この『祇王寺』もまた、吉野太夫とおなじく悲恋の舞台となっているのは、ただの偶然なのでしょうか。

『常照寺』近くに建つ『源光庵《げんこうあん》』のふたつの窓はよく知られていますね。丸と四角の窓がふたつ並んでいて、前者を〈悟りの窓〉、後者を〈迷いの窓〉と呼んでいるのは、先に書いた仏教思想からきています。

人間が丸くなった、という言いかたをしますが、まさにそれです。迷いがあると、とかく角張ってしまいますね。

少し変わった形では『建仁寺《けんにんじ》』の浴室外壁に施された〈火灯窓《かとうまど》〉があります。中国から伝わり禅宗様式の窓として知られ、エキゾティックな空気も感じられます。

上部が火炎を表していると言われていますが、これを花の頭として、〈花頭窓〉と書くこともあるそうです。

最近になって急に人気が高まってきたのは〈猪目窓《いのめまど》〉です。

読んで字のとおり、猪の目をモティーフにした日本古来の透かし紋様で、主に火伏の魔除けとして、古くから武具などに装飾されてきました。これを逆さにするとハート形に見

『建仁寺』の花頭窓

『地蔵院』の猪目窓

えることから、縁結びにこじつけることが流行ってきたのは、強引過ぎると思うのですが。

京都の南にある、とあるお寺ではインスタ映えを狙ってか、ハート窓と名付けて人気を集めているようですが、元来は〈竹の寺〉とも呼ばれている『地蔵院《じぞういん》』の茶室にある〈猪目窓〉のように、ふっくらと丸みを帯びているものです。万物すべて、ホンモノを見ることが大切だということを、お寺の窓が教えてくれています。

39 『東寺』のお奨めは三つの小さなお堂

実際に参拝するかしないかは別として、京都を訪れたひとが一番多く目にするお寺はどこでしょう。

以前、ラジオ番組に出演したときに、そんなクイズを出したことがあったのですが、ほかのゲストの方々はみなさん、てんでんばらばらな答えをされました。いわく、『清水寺』だとか、『金閣寺』など、いわゆる有名寺院の名前が上がりました。出題意図が分かりにくかったのかもしれませんね。

ぼくの答えは『東寺』でした。

なあーんだ。とお分かりになったかと思います。

京都には高層ビルが少ないので、『東寺』の境内に建つ〈五重塔〉はよく目立ちます。東海道新幹線でも西から来る列車でしたら、京都駅に着く直前に車窓から眺めることができます。京都駅に近づくとスピードを緩めますから、ブレることなく写真に収めることができ、たくさんの方々の目に留まるだろうと思います。

京都駅に着いてホームの上からも、南西方向に目をやれば〈五重塔〉が見えますし、京都市内を移動していても、南のほうでしたら、あちこちで目に入ることでしょう。

『東寺』の正式名称は『教王護国寺』ですが、平安京のころに〈羅城門〉をはさんで東側に建っていたので『東寺』と呼ばれるようになりました。当時は西側に〈西寺《さいじ》〉というお寺があったのですが、わけあって廃寺となってしまい、東の『東寺』だけが残ったというわけです。

その歴史は古く、平安京が置かれた七九四年のわずか二年後には造立されたと言い、それから二十七年後に、弘法大師空海に与えられたと伝わっています。毎月二十一日には〈弘法市〉と呼ばれる縁日が立ち、おおぜいの参拝客、見物客でにぎわいます。その〈弘法市〉のことを〈弘法さん〉と呼びますが、『東寺』そのものを〈弘法さん〉と呼ぶほど、京都人には慣れ親しまれているお寺です。

世界文化遺産にも登録されている『東寺』には、国宝に指定されている、高さ約五十五メートルの〈五重塔〉をはじめとし、おなじく国宝に指定されている〈金堂〉や、重要文化財に指定されている〈講堂〉など、多くの見どころがありますが、ぼくがお奨めするのは、境内に点在する、三つの小さなお堂です。

ひとつは〈講堂〉の北側、東と西に分かれて建てられた『夜叉神堂《やしゃがみどう》』です。

〈夜叉神〉というのは、インド神話の鬼神のひとつとされていて、雄と雌で一対になっているのだそうです。東側の祠に鎮座しているのが雄の夜叉で、本地文殊菩薩となり、西側の祠には雌の夜叉で本地虚空蔵菩薩となります。暗いお堂のなかに祀られていて、よく目を凝らすとその不思議な姿が見えます。もとは〈南大門〉の左右に置かれていて、この〈夜叉神〉にお参りせず通り過ぎると神罰が下ったと言われていたそうです。

このふたつの像は、弘法大師空海が自ら彫ったものだと言われていますから、なんとも貴重なものを間近に観られるのです。

そしてこの〈夜叉神〉は歯痛平癒にご利益があるとされ、お堂の前に白豆を埋めて祈ると、歯痛が治まると伝わっています。売店には〈夜叉神〉像の写真が貼られた、キシリトール配合のラムネ菓子が売られていますので、いっぷう変わったお土産にもいいでしょう。

ふたつ目は、『御影堂《みえどう》』の西側に隣り合う『大黒堂』です。

あるご縁から、ぼくは〈三面大黒天〉さまを、生涯の守り神としているのですが、その〈三面大黒天〉さまを安置しているのが『大黒堂』なのです。秀吉が念持仏としていたと言われる〈三面大黒天〉とは、大黒天、弁財天、毘沙門天《びしゃもんてん》の三つの神さまが合体したもの

『夜叉神堂』

『大黒堂』

と言われています。『比叡山延暦寺』の『大黒堂』でご縁をいただいてから、〈三面大黒天〉さまを信仰していますので、『東寺』を参拝した折には、必ずお参りしています。

京都ではほかにも『高台寺』の『圓徳院《えんとくいん》』にも〈三面大黒天〉が祀られていて、秀吉との深い縁をうかがい知ることができます。

三つ目は『毘沙門堂』。〈三面大黒天〉のひとつに数えられる毘沙門天を祀るお堂で、国宝に指定されている『大師堂』の南にあります。

入母屋《いりもや》造り、銅板葺きの建物は、もともと〈羅城門〉の楼上に安置されていた〈兜《と》跋《ばつ》毘沙門天像〉を祀るために、文政六年に創建されたお堂です。

京都には〈都七福神参り《みやこしちふくじん》〉という風習があるのですが、その七福神のひとつが、この『東寺』の毘沙門天さまで、お正月には多くの参拝客で賑わいます。

毘沙門天さまは、四天王と呼ばれる武神のひとつで、福をもたらす神さまだと言われています。

北を護ると言われ、多聞天《たもんてん》像とも呼ばれる毘沙門天さまの像は、甲冑を身にまとい、右手に宝塔をかかげ、左手に金剛棒を持っています。

『東寺』に限ったことではありませんが、〈五重塔〉などのシンボリックなものがあると、ほかに目が行かなくなるのはもったいないことです。隅々まで目を凝らしてみましょう。

『毘沙門堂』

40 西賀茂界隈を逍遥する

ガイドブックや雑誌、テレビと、さまざまな媒体で、ありとあらゆる京都が紹介され尽した感がありますので、もう京都市内に穴場と呼べる場所など存在しないだろうと思います。それでもメディアからのリクエストでもっとも多いのは、穴場を紹介して欲しい、です。

飲食店をはじめとしたお店や、寺社仏閣、絶景なども含めて、基本的にスポットは探すものではなく、出会うものだと思っています。なのでニューオープンのお店に駆けつけることもなければ、穴場スポットをわざわざ探し歩いたりはしません。

その代わりと言ってはなんですが、少しでも時間があると歩きます。京都の街なかを隈なくと言ってもいいほど、とにかく歩き回ります。ぼくが本や雑誌でご紹介しているお店やお寺などは、そうやって見つけたところがほとんどです。

美味しい店を探すのではなく、たまたま歩いていたら美味しそうな店と出会った。このほうが長い付き合いになる可能性が高いのです。本書でご紹介している『八条口燕ｅｎ』や『殿田食堂』などがその典型です。長いあいだ執筆のための定宿としていたホテルの周辺を歩いて出会った店ですが、どちらも今のような人気店ではありませんでした。

お寺や神社も然りで、『幸神社』や『東寺』のなかのお堂も歩いていて出会ったところです。さほど知られておらず、混み合うことなくお参りできるのは、とても気持ちのいいものです。

京都市北区を長いあいだ地盤としながら、まるでそこがエアポケットであるかのように、隈なく歩き回ることのなかった地域が西賀茂です。その原因となったのは住宅地開発です。それまで農地や空き地だったところに、次々とマンションや住宅が建ち並んでいくのを見ると、どうにも足が向かなかったのです。

きっかけは『神光院《じんこういん》』でした。大田垣蓮月《おおたがきれんげつ》のことを調べていて、ゆかりの寺である『神光院』を久しぶりに訪ね、その行き帰りに付近を歩いてみると、思いがけぬお寺や神社、風景やお店に出会い、それ以来しばしば西賀茂を探索する機会が多くなりました。『神光院』から西賀茂逍遥をはじめましょう。

西賀茂へのアクセスは市バスが便利です。いろんな系統があるなかで西賀茂車庫行きに乗れば間違いありません。終点なので乗り過ごす心配もありません。そして西賀茂車庫で降りて歩けば十分足らずで『神光院』の山門まで行き着けます。

『神光院』は、『東寺』、『仁和寺《にんな》』とともに、京都三弘法のひとつに数えられ、〈西賀茂の弘法さん〉と呼び親しまれています。風情漂う石畳の参道を進み、山門前まで歩くと〈厄除弘法大師道〉と刻まれた大きな石塔が建っていて、〈歌人蓮月尼隠棲地〉と添えられています。

〈きうり加持〉で有名な『神光院』

『神光院』の名の由来は、古く『上賀茂神社』の神職が、霊光の照らした地に一宇を建立せよ！　との神託を受けて、創建されたお寺だからのようです。

創建は一二一七年と伝わっていますから、八百年の歴史を誇るお寺ですね。ご本尊の像は弘法大師が自ら刻んだものだそうです。眼病平癒や厄除けのお寺として都人の信仰を集めていますが、このお寺がもっとも賑わうのは、夏の盛りに行われる〈きうり加持〉という厄除け行事です。

お大師さまが疫病を胡瓜に封じ込めて、病気平癒を祈願したことからはじまったとされる行事で、胡瓜に名前や年齢を書き、祈祷されたものを持ち帰って、土に埋めたり、川に流すと病気が治ると言われているのです。

山門をくぐって左手に建つ茶室が『蓮月庵』。歌人であり、陶芸家としても活躍し、私費を投じて鴨川に丸太町橋を架けた慈善家としても知られる蓮月は、晩年をこの庵で暮らしました。

蓮月の人生についても『神光院』のこともまだまだ書き足りないのですが、西賀茂逍遥の先を急ぎます。

『神光院』のすぐ西には『大将軍神社《だいしょうぐんじんじゃ》』が建っています。方位を守る武神として中国から伝わった大将軍を祀る神社は京都に四社あります。北がこの社で、西は一条通の『大将軍八神社』、東は東山三条の『大将軍神社』、南は『藤森神社』の摂社である『大将軍社』がそれです。

この神社で行われる秋の例祭では、おごそかに神事が行われたあと、拝殿でふたりの司が太鼓をたたき、「デンデンカッカ、ソレー」と唱えながら跳んで、勝負の所作をして豊凶を占って豊作を祈願するのです。

そしてこの神社はまた、世継ぎにご利益があると言われていて、境内三カ所の朱色玉垣で囲まれた場所に祈願すると、円滑に世継ぎが行われると言います。

『神光院』、『大将軍神社』を参拝したあとのおみやげに恰好のお店が『パティスリー菓《か》欒《らん》』。〈西賀茂チーズ〉と名付けられた、小さなチーズケーキが名物です。和菓子なら『霜月』。〈琥珀〉という干菓子が名物。両方ともここでしか買えないのが魅力です。

41 小野篁ゆかりの「この世とあの世」の境

千二百年をゆうに超える古い都ですから、京都には数々の伝説が残っています。それらすべてが事実かどうかは怪しいものですが、その跡が残されていると、なんとなく本当にあったことなのかと思ってしまいますね。

人物そのものは実在していたが、その逸話は伝説に過ぎず、作り話だろうということはよくあります。その代表的な存在が小野篁です。

延暦二十一年、西暦でいうと八〇二年に生まれ、八五三年の二月三日に亡くなったと伝わりますから、五十一年の生涯だったようです。

公卿でありながら反骨精神が旺盛で、それゆえ〈野狂〉と称されたと言いますから、そうとうな暴れん坊だったのでしょうね。それでありながら、白居易と並べ立てられるほど漢詩にも長け、百人一首にその歌を遺すほどの歌人でもあったのです。

――わたの原　八十島かけて　漕ぎ出でぬと　人には告げよ　海人の釣舟――

百人一首の第十一番はよく親しまれている歌ですね。

――泣く涙　雨と降らなむ　わたり川　水まさりなば　かへりくるがに――

こちらは古今和歌集に収載された歌で、水かさを増して欲しいと願っているのは、三途の川のことです。恋しい人が亡くなり、流す涙が三途の川に流れていって増水し、恋しき人が渡れずに戻ってきて欲しいと願う歌です。

三途の川は言わずと知れた、あの世とこの世の境目を流れる川のことです。とは言っても、そもそもあの世というものが現実に存在しているかどうかさえ分からないのですから、三途の川を見た人などいないでしょう。ほかの歌人なら想像の世界を詠んだとなるのですが、ほかならぬ小野篁となると、ひょっとして実際に目の当たりにした光景を詠んだのかもしれないと思ってしまいます。なにしろ夜な夜な、あの世とこの世を行き来していたというのですから。

小野皇が地獄に行ったという六道珍皇寺

昼間は朝廷の官吏としてこの世で働き、夜になるとあの世へ行き、地獄で閻魔《えんま》大王のもとで裁判の補佐役を務めていたという説話が、今昔物語集をはじめとして、いくつかの説話集に収載されていて、今の京都においてもその消息を辿ることができます。

『清水寺』から松原通を西へ降りて来て、東大路通を越えた辺りに『六道珍皇寺《ろくどうちんのうじ》』というお寺があり、その境内に掘られた井戸から小野篁は地獄へ行ったというのです。

その伝説の井戸は今も残っていて、それを見るとたしかにそんな空気が流れているのですから不思議なものです。

ということから、この『六道珍皇寺』があの世とこの世の境界とされ、それを示すかのようにお寺の傍には〈六道の辻〉と刻まれた石碑が建っています。

六道というのは仏教用語で、地獄道、餓鬼道、畜生道、修羅道、人道、天道の六つの冥界を指すのだそうです。人間はみな因果応報によって、死んだ後はこの六道を輪廻転生するという仏教の教えなのです。この六道の、いわば分岐点となるのが〈六道の辻〉というわけです。

この辺りは今でこそ情緒ある街並みになっていますが、古くは鳥辺野と呼ばれる葬送の地へ向かう道筋でした。『清水寺』の少し上あたりがその鳥辺野だったといい、亡骸はそこへ運ばれたのです。疫病が流行しているころや、大火のあとなどはその葬送の列が長く続き、あまりの混雑にあきらめてこの辺りに遺骸を置いて帰ったことも珍しくなかったそうです。その名残が界隈の町名である轆轤《ろくろ》町です。

棄てられた遺骸のシャレコウベがごろごろと転がっていたことから、古くは髑髏《どくろ》町と名付けられたのですが、それではあまりに不気味だということで、似た字を当てて轆轤町にしたと言われています。

説話の世界だけでなく、現実にもあの世とこの世の境界だったわけです。

そうして『六道珍皇寺』の井戸からあの世へ行った小野篁は、またここへ戻ってきたかと言えばそうではありません。どうやらあの世は京都の地中深くで西へと延びていたようで、小野篁があの世からこの世へ戻ってきた井戸は、嵯峨の〈福正寺《ふくしょうじ》〉の境内にあったと言われています。

鳥辺野とおなじく葬送の地だった化野《あだしの》にあった〈福正寺〉はその後『清涼寺』に移されましたので、今はその近くに〈六道の辻〉と刻まれた石碑が建っています。こちらはあの世からこの世へ戻るところなので〈生の六道〉と呼ばれています。

そんな仕事をしていた小野篁は、この世を浄化せねばと思い立ち、閻魔大王の教えを乞い、精霊迎えという法を授かります。塔婆を使って亡き先祖を再びこの世へ迎える供養法は、のちに盂蘭盆会という行事になりました。その法を実践するための根本道場を開いたのが『引接寺《いんじょうじ》』。通称を『千本ゑんま堂』と言います。ご本尊は閻魔法王で、小野篁作と言われる開創時の像は消失し、今は二代目です。境内に紫式部の供養塔が建っているのが目を引きます。紫式部と小野篁。意外な取り合わせに思われるでしょうが、実はふたりのお墓は隣り合わせで、堀川北大路近くにあるのです。京都は不思議に満ちていますね。

42 洛陽天満宮二十五社を巡拝する

弘法大師の縁日、二十一日が弘法さんの日なら、菅原道真公の縁日、二十五日は天神さんの日です。街角で京都人どうしがばったり出会うと、こんな会話になります。

――どこかお出かけどすか？――

――ちょっと天神さんへ行ってこよかと思うて――

――そや。今日は二十五日どしたな。うちも行こかしらん――

――ほなご一緒しまひょか。植木を買おう思うてますねん――

二十五日に〈天神さん〉と言えば『北野天満宮』で開かれる〈天神市〉を指します。コロナ禍でイレギュラーな開催になっていますが、コロナ以前は境内の内外に多くの露店が並び、骨董品から日用品、食品から植木まで、さまざまな商品が売られていました。

では、二十五日以外だとどうなるでしょう。

――どこかお出かけどすか？――

――ちょっと天神さんへ行ってこよかと思うて――

――どちらの天神さんどす？――

——烏丸の天神さんまで行こう思うてます——

と、こんな会話に変わります。二十五日以外の〈天神さん〉は天満宮そのものを指していますが、数ある京都の天満宮のどの神社かは分からないのです。

おなじ〈天神さん〉という言葉でも、状況によって指しているものが異なるので、それを阿吽の呼吸で感じ取るのが京都人としての務めだとも言えます。ほかにもおなじようなことがあって、〈祇園さん〉がそれです。

日常的に〈祇園さん〉と言えば祇園界隈一帯の地名を指しますが、祇園祭の期間中に〈祇園さん〉と言えば、それは祇園祭を指します。それゆえ、先と似たような会話が交わされることになるのです。

さて、話を〈天神さん〉に戻して、京都の街なかには〈天神さん〉と呼び親しまれている天満宮が何社ぐらいあるかお分かりになりますか。

たいていの観光客の方は『北野天満宮』ぐらいしか思い浮かばないでしょうが、京都の街なかには、小さな社も含めますと五十社近くの天満宮があるのです。

学問の神さまと言われる道真公を祀っているのですから、受験生のみならず、人間一生学びのときと言われるように、あまねくお参りをしたいものです。近年は認知症予防にもご利益があると言われていますから、老いてますます参拝せねばと思っています。

たくさんある天満宮のなかから二十五社を選び、巡拝しようというのが〈洛陽天満宮二十五社巡拝〉です。

数ある天満宮のなかから、特に道真公とゆかりの深い二十五社を選んだのは、没後八五〇年のときだそうで、二十五社のなかでもとりわけ重きを置いている三社は〈御霊地三社〉と呼ばれています。

この三社を巡ることから〈天神さん〉の巡拝をはじめてみてはいかがでしょうか。

二十五社の第一番は『菅大臣天満宮《かんだいじんてんまんぐう》』。仏光寺通の新町通を西へ行った辺りに建っている神社です。

もっともよく知られる『北野天満宮』ではなく、なぜここが第一番かと言えば、道真公のお屋敷があったところ、すなわち生家の跡地であり、生誕の地だとも言われているからです。境内には産湯に使ったとされる〈天満宮誕浴の井〉も残されているのです。

――東風吹かば　にほひおこせよ梅の花　主なしとて春なわすれそ――

大宰府へ左遷された道真公が詠んだ歌にある梅の花は、ここにあったと伝わり、つまりは飛梅はここが発祥というわけです。

それほどにゆかりの深い〈天神さん〉ながら、観光客の姿はめったに見かけることがありませんので、ぜひご参拝ください。

〈御霊地三社〉の二社目は第九番の『北野天満宮』。言わずと知れた京都で一番有名な〈天神さん〉ですね。

この〈天神さん〉については先刻ご承知でしょうし、ガイドブックにも詳しく書いてありますから詳細は省きます。

三社目の『水火天満宮《すいかてんまんぐう》』はご存じない方も多いのではないでしょうか。今は堀川通の紫明通近くにありますが、もとは一条通の西陣下り松にあって、日本で初めての天満宮だったと伝わっています。日本初の〈天神さん〉なので〈御霊地三社〉の一社とされているのです。〈水火天満宮〉の境内には〈登天石《とうてんせき》〉と言われる石が祀られています。これはかつて道真公の怨霊の祟りで鴨川が急激に増水した際、延暦寺の僧が祈祷し水位を下げた

日本初の〈天神さん〉、『水火天満宮』

あとに現れた石だと言われています。

理不尽なことには祟り、災難時には鎮めるのも不遇をかこった道真公の怨霊ならではかもしれません。京都に〈天神さん〉がたくさんあるのはそれゆえのことです。

43 洛北大原で平家の悲哀を思う

千二百年を数える古都京都は、みやびやかなことばかりではなく、血で血を洗うような戦も幾度となく繰り広げられてきましたし、ひとを絶望の淵に追いやるような、哀しいできごとも繰り返されてきました。

そしてその哀しみは消えることなく、多くが悲話として今も残されています。

いつの時代でもそうですが、深い哀しみを背負いながらも凛として生きてゆくのは女性のようです。平家物語にも記された悲劇のヒロイン、建礼門院徳子もそのひとりです。

若い方はご存じないかもしれませんが、〈女ひとり〉という歌がよく歌われたころがありまして、女性がひとりで京都を旅するというテーマの歌です。その出だしが

——京都大原三千院　恋に疲れたおんながひとり——　でした。

東京オリンピックの翌年に作られた歌で、今でいうご当地ソングの走りだったと思います。大原の『三千院』、栂尾《とがのお》の『高山寺』、嵐山の『大覚寺』と三つのお寺が歌詞に登場し、洛外の鄙びた地にある、これらのお寺はこの歌のおかげで、参拝客が急増したと言われています。

静かな歌いだしに出てくる『三千院』からそう遠くない場所に建つ『寂光院』が、悲話の舞台で、そのヒロインが建礼門院徳子です。

平清盛の娘である徳子は、高倉天皇の中宮であり、安徳天皇の生母でもありました。何不自由なく育った徳子が悲劇のヒロインとなった端緒は、壇ノ浦《だんのうら》の戦いです。

驕れる者は久しからずや。その言葉のとおり、高倉天皇、平清盛が相次いで没した後、木曽義仲の攻撃によって都を追われた徳子は、壇ノ浦において、安徳天皇とともに源氏の攻めに遭い、安徳天皇は入水し、徳子もそれに続くのですが、皮肉なことに、源氏の手によって、その身を救われてしまったのです。

生き恥をさらすことになった徳子にとって、京都へ戻ってからの暮らしは、針のむしろという言葉がふさわしいものでした。

覚悟を決めた徳子は出家し、『寂光院』に入りました。

その後の徳子については、平家物語の終巻で綴られる〈大原御幸〉に詳しく書かれています。建礼門院徳子の舅である後白河法皇が大原を訪ねる話です。

徳子は突然の後白河法皇の来訪に戸惑います。かつては嫁と舅という立場で、禁中では華やかな暮らしを共にしていたのに、今では落ちぶれて質素な庵で暮らしているのですから。なんとか向い合って座った徳子は〈六道語り〉を始めます。

平清盛の娘として生まれ、天皇の母となり、何もかもが思いのままの天上界。筑前国大宰府で、緒方惟栄《これよし》に追い払われ、立ち寄って休むところもなく、清経が入水したのは人間界。浪の上で朝から晩まで暮らした餓鬼道の苦しみ。一ノ谷の戦いで一門が多く滅んだあとは修羅の道。壇ノ浦の戦いですべてをなくしてしまった地獄の道。そのあとは畜生道と、まさに六道を地でいった徳子。

かつては栄華を極めた徳子と法皇。大きく立場が変わってしまったふたりが、侘びた庵の一室で向き合って語らうのです。あっという間に時が過ぎ、御幸を終えて、後白河法皇は後ろ髪を引かれながら、庵を後にしますが、それを見送る徳子は枯れ果てるまで涙を流したと言います。なんともせつないお話ですね。

〈大原御幸〉の後、夏の盛りになっても徳子の胸はふさいだままなのを見かねた大原の里人たちは、少しでも哀しみを癒してもらおうと、大原の名産ともいえる赤紫蘇の葉を塩漬けにして徳子に献上しました。

赤紫蘇の葉を塩漬けにしたそれは、御所を思わせる紫色。きっと里人たちは、徳子にかつての誇りを取り戻させようという思いで、これを献上したのでしょう。里人たちの心遣いにいたく感動した徳子は、これを〈紫葉漬け〉と命名し、大原の名産とするよう、村人たちに伝え、それが今の柴漬けの原型となったのです。

これこそが、真のおもてなしですね。ただ豪華なご馳走を並べたてるだけが、おもてなしではなく、相手の気持ちを慮り、心を通わせることこそが、本当のおもてなしです。

『野むら山荘』の広々とした庭を眺めながらのランチは大原ならでは

そんな柴漬けを買い求めるなら『里の駅大原』がいいでしょう。大原の里人たちが漬けた素朴な味わいの柴漬けは心に沁みます。

『寂光院』、『三千院』のほかにも大原の里には訪ねたいお寺も多くありますし、里山の風景を眺めながら散策するだけでも心が和みます。

大原を散策して、そのあとさきにランチをとなれば、恰好のお店が『里の駅大原』近くに建つ『野むら山荘』。テレビドラマのロケに使われるほど、立派なお屋敷で美味しいランチが食べられます。

広々とした庭を眺めながらのランチは、山里の恵みと、主人自ら手打ちする蕎麦がメインの洗練された和食。軍鶏や鮎などもこのお店の名物で、この料理を食べるためだけに大原を訪れるファンも少なくありません。洛中から少し離れ、大原の里を散策し、平家に思いを馳せつつ食べるランチも味わい深いものです。

44 嵐電を乗りこなす

京都人には〈嵐電〉の名で親しまれていますが、正しくは京福電気鉄道嵐山本線といって、四条大宮駅から嵐山駅までを結ぶ路面電車のことです。その嵐山本線とは別に、北野白梅町《はくばいちょう》駅から帷子ノ辻《かたびらのつじ》駅までを結ぶ北野線もあって、そのふたつを併せて〈嵐電〉と呼んでいるのです。

〈嵐電〉に乗ると四条大宮駅から嵐山駅の間だけでも二十分以上掛かりますが、江ノ電のように狭い軌道を走るさまは情緒満点です。短い路線ですが途中には十一もの駅があり、その駅名を読むだけでも愉しいのです。そして何より沿線沿いには、隠れた魅力を秘めた社寺や、観光スポット、美味しい店がたくさんあって、それらを順に訪ね歩くのは実に愉しい旅になるのです。

線路沿いに歩けば迷うことも少ない上に、歩き疲れたら〈嵐電〉に乗ってショートカットすることも可能と、道歩きには恰好の条件が揃っています。

〈嵐電一日フリー切符〉を買っておくのがいいでしょう。嵐山本線と北野線が一日乗り放題に加えて、嵐山駅の足湯割引をはじめ、社寺拝観料割引、おみくじ無料授与など、多くの特典が付いて来ます。

〈嵐電〉沿線の見どころを東から順にいくつかご紹介しましょう。まず最初に降り立つのは『蚕ノ社』駅。難読駅名のひとつで、カイコノヤシロと読み、『木島坐天照御魂神社《このしまにますあまてるみたま》』の別名です。

〈続日本紀〉の大宝元年、すなわち西暦七〇一年四月の条に、この神社の名前が記されていますから、奈良時代以前からあった古い神社です。

今は痕跡しか残っていませんが、この神社には〈元糺の池《もとただす》〉という池があり、そのなかに三本脚の鳥居が建っていることに目を引かれます。〈三柱鳥居《みつばしら》〉と呼ばれ、京都三珍鳥居のひとつに数えられていますが、なぜ三本脚なのかは諸説ふんぷんで、謎とされています。

この池では古く、足付け神事が行われていたようで、この社は『下鴨神社』のもととなったのでは、という説もあるようです。

名刹『広隆寺《こうりゅうじ》』の真ん前にあるのが『太秦《うずまさ》広隆寺』駅です。この界隈には太秦という地名が付いていますが、それは秦氏がこの辺り一帯をおさめていたからで、『広隆寺』も元は秦氏の氏寺で〈秦公寺《はたのきみでら》〉と呼ばれていたと伝わっています。

このお寺でぜひ見ておきたいのは〈霊宝殿〉。教科書でおなじみの弥勒菩薩半跏思惟《みろくぼさつはんかしい》像が安置されているのです。

弥勒菩薩半跏思惟像は二体あって、ひとつは〈霊宝殿〉の中央に安置されている像で、こちらが教科書に掲載されている通称〈宝冠弥勒《ほうかんみろく》〉といわれるものです。右手を軽く頬に添え、思索にふけっているような表情をしている、とても美しい仏像です。

狭い軌道を走るさまが情緒満点の嵐電

もうひとつの弥勒菩薩半跏思惟像も〈霊宝殿〉に安置されていて、こちらは〈泣き弥勒〉と呼ばれています。先の〈宝冠弥勒〉と同じようなポーズを取る菩薩さまですが、目や口元の表情が、なんとなく泣いているようにも見えることから、そう呼ばれるようになったと言います。

その次の駅もまた難読駅名のひとつです。『帷子ノ辻』駅。カタビラノツジと読みます。

その遺言によって道端に打ち棄てられた檀林皇后の亡骸が朽ち果て、無残にも残された死装束である経帷子が、地名の由来になっていると言われています。この駅から南へ歩くと『蛇塚古墳《へびづか》』があります。

京都の街なか、それも住宅街の真ん中に古墳が遺されているのは、きわめて珍しい光景なので、ぜひとも見ておきたい遺跡です。

次の『有栖川』駅に続く『車折神社』駅も難読ですね。クルマザキと読んで、その由来は、後嵯峨天皇が嵐山へ遊行されたとき、この場所で一台の牛車の轅《ながえ》が折れて動かなくなったことから車折れとなったようです。

不吉な徴。神威を畏れた後嵯峨天皇は、門前右側の石を〈車折石〉と名付け、〈正一位車折大明神〉の神号を贈ったことから『車折神社』となったのです。

その次の駅は『鹿王院』。『金閣寺』とおなじく足利義満が創建したお寺の名前がそのまま駅名になっています。

『鹿王院』は、この地にお堂を建てようとしたとき、たくさんの白鹿が現れたことから名付けられたと言われています。『金閣寺』の正式名称は『鹿苑寺』で、義満の戒名は〈鹿苑院殿〉。鹿の名が付くふたつの寺を観比べてみるのもおもしろいですね。

『鹿王院』の山門からなかへ続く石畳の参道は、初夏には青もみじが、秋には色付いた紅葉が長いトンネルを作り、みごとな光景を見せてくれますので、ぜひご参拝ください。

終点は言わずと知れた『嵐山』駅。『天龍寺』はすぐ目の前に建っていますし、嵯峨野歩きの起点にもなります。渡月橋《とげつきょう》近辺は、いっときインバウンドのお客さんであふれ返っていて、歩くのもままならないほどでしたが、コロナ禍のおかげで今は少し静けさを取り戻しています。嵯峨野の竹林も然り。人影もまばらになる時間があります。お土産物屋さんには申しわけないのですが、しばらくはこのままであって欲しいと思っています。

45 『京都御苑』を歩く

京都という街が京の都を名乗っているのは、長く都が置かれていたからで、その意味ではただの制度に過ぎない、東京都や大阪都構想とは根本的に異なります。

都が置かれていたということは、すなわち帝がお住まいになっていたわけで、その証しが今も残されている『京都御所』です。

その『京都御所』は『大宮御所』、『京都仙洞《せんとう》御所』とともに『京都御苑』のなかにあるのですが、帝に親しみを持ち続けている都人は、『京都御苑』ぜんたいを〈御所〉と呼んでいます。

――今朝は御所を散歩してきたけど、空気もようて気持ち良かったわ――

そう京都人が言えば、『京都御苑』のなかを散歩したという意味で、けっして『京都御所』のなかを歩き回ったのではありません。申し込んで参観することはできても、散歩道に使うなど畏れ多いことですから。

とは言え、『御所』のなかや『京都迎賓館』以外であれば、二十四時間いつでも入れて、自由に歩き回れますから、『京都御苑』すなわち〈御所〉は、鴨川と並んで都人のオアシスとなっています。

　そんな〈御所〉のなかにはたくさんの木々が植えられていますから、梅から桜、新緑から紅葉に至るまで、美しい自然を見せてくれます。ベンチや休憩所も各所に設けられ、お手洗いも整備が進んでいますので、恰好の散策路になります。

西園寺家の鎮守社『白雲神社』

　見どころはたくさんありますが、ぜひお奨めしたいのは〈建礼門〉から南に建つ三つの神社と一軒のお屋敷です。

〈出水の小川〉を北に抜けると右手奥に鳥居が見えてきます。ここは『白雲神社《しらくもじんじゃ》』で、この神社のすぐ北側に〈西園《さいおん》寺《じ》邸跡〉の駒札が立っているように、この辺りは西園寺家の屋敷があったところです。そしてこの『白雲神社』は、西園寺家の鎮守社であり、妙音弁財天を祀っていることから、〈御所の弁天さん〉とも呼ばれています。

　この弁天さんは元々『金閣寺』の辺りにありました。西園寺家というのは琵琶の宗家で、北山に別邸を建て、〈北山第〉と名付け、その鎮守社として弁天堂を建立し、それが時を経てこの地に移って来たというわけです。ちなみに〈北山第〉は、その後足利義満に受け継がれ、金閣寺が建てられました。ということは、もしもこの弁天さまが、西園寺家と共に、彼の地に居座り続けていたら、金閣寺は建てられなかったかもしれませんね。『白雲神社』を出て、元来た道を戻ると赤松の繁みが見えてきます。ここが『宗像《むなかた》神社』。

この神社は、〈薬子の変〉で大いに活躍し、奈良に都を戻そうという動きを封じ込めた人物として知られている、藤原冬嗣《ふじわらのふゆつぐ》邸の鎮守社として建てられました。つまりここは、平安京の恩人ゆかりの神社というわけですね。

筑前の『宗像大社』から勧請した〈宗像三女神〉を祀っていますが、境内には、ちょっと珍しい木が植わっています。

本殿の向かい側に植わる、タラヨウの木がそれです。多羅葉と書き、葉っぱの裏側に経文を書いたり、葉をあぶり、占いに使ったりされたそうです。これが葉書の語源になったとも言われていることから、〈郵便局の木〉に指定され、東京の中央郵便局前にも植樹されているそうです。

三つ目の社は〈九条邸跡〉の九条池に浮かぶ『厳島《いつくしま》神社』です。小さな社ですが、その名が示すとおり、安芸の『嚴島神社』から勧請した由緒正しき神社。平清盛が母、祇園女御の為に兵庫築島に建立した社を、のちの時代に九条道前《くじょうみちさき》が邸内に遷座させたものです。

ここでぜひ見ておきたいのは石の鳥居です。花崗岩で作られていて、島木と笠木が唐破風の形式を取り入れている破風形鳥居と呼ばれるもので、京都三鳥居のひとつに数えられるほど、珍しい鳥居なのです。

池に架かる〈高倉橋〉は、明治一五年に持ち上がった、天皇行幸計画に伴って架橋されたもので、その橋脚は秀吉が架橋した、三条大橋や、五条大橋の石造橋脚を、再利用しているのです。天皇行幸の為に架けられたとあって、建礼門から真っ直ぐにこの橋へと辿り、丸太町通へと通じる道筋が出来ていますが、天皇がこの橋を渡ることはありませんでした。

『宗像神社』の向かい側、京都御苑の南西隅にあるのが『閑院宮邸跡《かんいんのみやていあと》』。四親王家のひとつ閑院宮のお屋敷跡です。

創建当初の建物は天明の大火で惜しくも消失し、明治一六年に新築された建屋ですが、庭園を含めて、忠実に再現されているので、在りし日の宮家を偲ぶことが出来る、貴重な場所となっています。

『閑院宮邸跡』の建屋に入り、南棟まで進むと、天井に紅梁《こうりょう》を渡し蟇股《かえるまた》を置いた、ひときわ立派な造りの部屋があります。板敷きの部屋では、障子の間から庭を望む床に庭のもみじが映ります。

初夏には磨き込まれた床板に青々としたもみじが映る〈床みどり〉。秋には燃えるような紅葉を映す〈床もみじ〉。ぼくにはとっておきの穴場なのです。

46 御霊鎮めの神社を拝む

お寺とともに、京都にはたくさんの神社があります。本書でも紹介していますように、『上賀茂神社』や『下鴨神社』のように、世界文化遺産として登録されている、誰もが知る神社から、地元京都でもあまり知られていない隠れた神社まで、街角の小さな祠や摂社、末社まで含めると、いったい何社あるのか数えられないほどの神社があります。

当たり前のことですが、神社にはそれぞれ神さまが祀られていて、神話に出てくる長い名前の神さまから、菅原道真のように比較的身近な人物までが神さまとして崇められています。

その神社が建立された理由もさまざまありますが、御霊を鎮めるために建てられた神社には、その基となった事件や伝説が残されていて、それをひもとくと歴史の一コマが浮かんで来ることがあります。そんな神社のいくつかをご紹介しましょう。

御霊がそのまま神社の名になっているのが『御霊《ごりょう》神社』。烏丸鞍馬《からすまくらま》口近くにあって、応仁の乱が勃発した場所としても知られていますが、この神社は平安京が定められた際、非業の死をとげた弟、早良《さわら》親王の御霊を鎮めるために、桓武天皇がその霊を祀ったことから始まったと言われています。

そののち、怨霊となって災いをもたらす六柱の御霊を合祀し、今に至っています。世のなかに災いが起こると、それはきっと誰それの怨念によるものだと信じられ、それを鎮めるために神社を作った時代があったのです。

ひとだけではありません。災いをもたらすものはなんでも祀って御霊を鎮めてきたのが、京都という街なのです。たとえそれが石であっても、です。

西陣に『岩上《いわがみ》神社』という小さな祠があります。呆気ないほど小さな社の手水舎の上には〈岩神〉と書かれた額束《がくづか》が掛かり、その奥の祠には大きな石が鎮座しています。

この大きな石は堀川二条辺りにあったと言われていて、それを時の天下人である徳川家康が、『二条城』を築くのに邪魔だという理由で、岩上通六角通を下がった辺り、今の『中山神社』に移動させたのです。

次にこの石は、中和門院《ちゅうわもんいん》の屋敷の池の畔に遷されます。立派な石ゆえ、庭の景色として欲しかったのでしょう。ところがこの石。ただの石ではありませんでした。

夜ともなれば子どもに姿を変え、元の場所に帰りたいと言って、すすり泣いたり、悪戯をしたりで、それを気味悪がった女官たちは、馴染みの僧侶に相談を持ちかけたのです。

僧侶は、この石には怨霊が宿っているといって、石を引き取り、この地に〈有乳山岩上寺《うにゅうざん》〉という寺を建立し、石を祀りました。その名が示すように授乳の神として崇められ、多くの女性の信仰を集めましたが、惜しくも天明の大火で寺は消失してしまいました。

　お寺は焼けても石は残ります。やがて後世になり、篤志家の手によって神社として蘇ることとなったのです。石ひとつにも御霊があり、それを鎮めるために神として祀り崇めるのが都人の倣いです。京都に多くの神社があるのは歴史の必然だとも言えますね。

　烏丸五条にほど近い細道の路地奥に『命婦稲荷社《みょうぶいなりしゃ》』というしごく小さな祠があり、その傍らには『鐵輪社《かなわしゃ》』という井戸があります。この社に伝わる伝説は〈丑の刻参り〉という呪いの儀式です。

〈鉄輪〉というお能の演目がありますから、ご存じの方もいらっしゃると思いますが、この近くに住む女が、自分を捨てて後妻を娶った夫に、報いを受けさせるため、遠い道のりをものともせず、夜な夜な『貴船神社』に詣で、〈丑の刻参り〉をしていたのです。

　いっぽう、その女の元夫は毎夜悪夢にうなされ、安倍晴明に相談します。晴明はそれを先妻が行っている〈丑の刻参り〉のせいだとして、このままだと女の呪いによって、夫婦ふたりの命は今夜で尽きると元夫に告げます。当然ながら元夫は、何とか生きながらえさせてくれるよう晴明に懇願し、やむなく晴明は、元夫の家を訪れ、祈祷棚を設けて、夫婦の形代を載せて、呪いを肩代わりさせようと必至で祈祷を始めました。

と、そこへ、あろうことか、脚に火を灯した鉄輪を頭に戴せ、鬼と化した女が現れる。鬼となった女は捨てられた恨みをとうとうと述べ、男の形代に襲いかかろうとしますが、神の力によって退けられ、逃げるようにして姿を消しました。

晴明の力で逃げ帰った女は、この井戸に身を投げたと言われ、それ故この井戸は縁切り祈願に霊験あらたかと伝わっています。井戸は今は枯れてしまい、水を汲むことは出来ず、その代わりとして、井戸の蓋の上にはペットボトルに入った水が置かれています。縁切り井戸は決して過去の話ではないのです。

神社というものは万物の御霊を鎮め、平穏無事を祈るところです。そしてお参りの前に手水舎で手や口を浄めるのも穢れを祓うためです。

その手水舎は疫病蔓延を防ぐために崇神《すじん》天皇が命じて神社に置いたのが始まりです。コロナ禍で日本中の神社が感染予防と称して、水を抜いて使えなくしたのは本末転倒と言わざるを得ません。ましてや花手水と称して、手水鉢に花を活けるなどあり得ない話です。神社をお参りする意味をあらためて考えなおしたいものです。

47 京都の庭園で哲学する

京都に来るとかならず庭巡りをする。そうおっしゃる方が何人かおられます。

庭とひと口に言ってもさまざまなスタイルがありますね。代表的な庭と言えば、お寺の日本庭園です。西洋ふうのガーデンと、日本庭園には根本的な違いがあり、それはシンメトリーか否かです。イングリッシュガーデンがその典型ですが、西洋的な観点からすれば、左右対称に整っていてこそ美しい庭園なので、左右対称どころか、ゆがんだり、欠けたりする、不揃いな日本庭園は不思議の対象なのでしょう。お寺の庭にじっと見入っている外国人の方をよく見かけます。

その庭園に禅という思想を重ね合わせると、哲学にまで昇華できるようで、日本文化を理解するには、お寺の庭を見るのが一番だとも言われています。

基本的には砂と石だけで構成されますからモノトーンです。いつも変わらぬ眺めのようでいて、白砂に描かれる紋様が違っていたりするのも、枯山水庭園の愉しみですね。なぜこんな紋様なのだろうか、と考えこんでしまいます。

ただ美しいだけでなく、その庭を観ることで、思索を促す。禅寺の日本庭園ならではのことですね。その代表とも言えるのが『龍安寺』の〈石庭〉ですね。

世界文化遺産にも登録されていて、創建は宝徳二年といいますから、五百五十年を優に超える歴史を持つお寺ですが、ほどなく応仁の乱で焼失してしまいました。

その後に再建された際、〈石庭〉も作庭されたと伝わっています。

正式には〈方丈庭園〉と呼ばれる庭は、南北が十メートル、東西が二十五メートルの長方形で、二十五メートルプールを少し小さくした程度の大きさです。

白砂が敷き詰められた空間に十五の石が置かれている、典型的な枯山水庭園には、多くの謎が秘められています。

美しくも不思議な石の配置は、見飽きることがありません。

そもそも、どういう発想で、枯山水という庭園様式が生まれたのか。なぜ石しかないのか。更にはなぜ十五個なのか。いくつもの謎が浮かびます。庭と禅問答をしているような気になりますね。

『龍安寺』には、もうひとつ庭園があって、こちらは〈石庭〉ほどに名高くはなく、〈鏡《きょう》容池《ようち》〉と聞いても、それがどこにあるか、すぐに分かる人は少ないでしょうが、本来『龍安寺』の庭園といえば、こちらを指すのだそうです。

龍安寺の枯山水式〈方丈庭園〉

池泉回遊式庭園の池が鏡を模す

広大な池の周りには四季を彩る花が咲き、それを水面に映す。そこを歩いて巡る庭、すなわち池泉回遊式庭園は、思索を深めるのではなく、頭を空っぽにして愉しめるのがいいです。庭を歩いているとほっこりします。〈方丈庭園〉での緊張を、〈鏡容池庭園〉が緩和してくれる。ふたつの庭はセットになっているような気がします。

ふたつの庭の違いは水によって生じます。

水を使わない枯山水式と違って、四季折々その表情を変えるのが池泉回遊式庭園の特徴なのですが、〈方丈庭園〉のように土塀の向こうから枝垂れ桜が花を見せると、春ならではの光景となり、借景と呼ばれるような周囲を含めると、必ずしもその定義は当てはまりません。

あえて庭を囲む土塀を低くして、遠山の風景を庭に取り込むのも、京都のお寺の庭園にはよくあることです。東山三十六峰、とりわけ比叡山はその美しいプロポーションもあって、しばしば庭の背景となります。冬にはその頂が白くなり、春になると淡い桃色が点在し、夏は鮮やかな緑を広げ、秋ともなれば錦繍に山を染め上げます。

京都のお寺は実に巧く借景を利用していると、いつも感心しています。

いっぽう、池泉回遊式庭園は、庭そのものに四季の変化があります。池を鏡に見立てて、そこに四季を映しだすのです。

その池を造ろうとすれば、当然ながら潤沢な水が必要となります。その意味で、洛西よりも洛東、東山のふもとの寺が有利なのは、琵琶湖疎水の恩恵を受けられるからでもあります。

もともと東山の峰々がため込んだ雨水もあり、伏流水も豊かな地ではあったのですが、琵琶湖疎水が引かれて以降、寺社、別荘群の庭園はその水を引き込み、見事な池泉回遊式庭園を作り上げました。たとえば『平安神宮』の〈神苑〉などがその代表です。社殿を囲むようにして、東、中、西、南の四つの庭が広がり、その広さは一万坪にも及ぶといいます。

〈植治〉と呼ばれた、七代目小川治兵衛の手になるもので、四季折々の花が咲き乱れ、いつ訪れても目を愉しませてくれ、心を安らげてくれます。

とりわけ春の桜は、谷崎潤一郎が〈細雪〉で書いたように、妖艶な桜が咲き誇り、春爛漫を見せてくれます。

京都の庭。枯山水、池泉回遊式、どちらを選ぶかは、そのときの心の有り様で違ってきます。思索に耽りたいなら前者。何も考えたくないなら後者。たくさんある京都の庭を使い分けて、存分にお愉しみください。

48 東と西 ふたつの本願寺

京都には、東西ふたつの〈本願寺〉があって、どちらも京都駅からそう遠くない場所に建っていますから、京都観光のあとさき、少し時間に余裕ができたときに参拝できるのがありがたいですね。

なぜ東と西に分かれたかと言えば、そこには戦国武将たちの権力争いが深く関わっていて、お寺さんのほうは、ただ翻弄されたに過ぎません。

そもそも〈本願寺〉というのは親鸞上人の入滅に端を発し、東山の大谷にその廟堂が建てられたことから始まります。その後、焼失、再建、移転を何度も繰り返し、やがて山科から大阪へと移転したことが、東西分立の火種となったのです。

天下統一を目論む織田信長は、広大な〈本願寺〉に目を付け、明け渡すように理不尽な要求をします。当然のことながら、これを拒む寺方との交戦は十年もの長きに渡り、のちに〈石山合戦〉と呼ばれるに至りました。

十年が経ってようやく和睦し、明け渡されたものの、最後まで守ろうとするお寺の籠城派と、和睦派の間の火種は燻り続けました。そして、〈本願寺〉が京都へ移転することになって、〈本願寺〉はふたつに分かれたのです。

簡単に言えば、信長の跡を継いだ秀吉の意向を受け、先に建立されたのが『西本願寺』で、後になって徳川家康の後押しで建立されたのが『東本願寺』という図式です。

という簡単な歴史を踏まえた上で、今あるふたつのお寺を比べてみましょう。

『西本願寺』は世界文化遺産に登録されている

ぼくは宗教にはうといので、仏教学的にどちらがどう、とかいうことはまったく分かりません。したがって、見たまま、感じたままでの比較になることを最初にお断りしておきます。

ひとつたしかな事実があります。それは『西本願寺』は世界文化遺産に登録されていますが、『東本願寺』はそうではありません。だからどうだ、ということではありません。世界文化遺産に登録されていなくても、見どころのあるお寺や神社はいくらでもあるのですが、ひとつの目安にはなるでしょう。

お寺さんには失礼を承知で言えば、時間がなくてどちらかひとつだけ、となれば、ぼくは『西本願寺』へお参りされることをお奨めしたいと思います。

ＪＲ京都駅の中央口から出て、西北の方向になります。十五分ほども歩くと、築地塀を横目に通り過ぎ、〈御影堂門〉をくぐって広々とした境内に足を踏み入れることができます。

〈御影堂門〉から入って、正面に見えるのが〈御影堂〉。平成の大修復を終えて、その堂々たる姿を見せています。まずは手水舎で清め、京都市の天然記念物に指定されている〈逆さイチョウ〉を眺めてから〈御影堂〉へ入ります。

外から見ても、堂内に入っても、その巨大な木造建築に圧倒されます。南北六十二メートル、東西四十八メートルにも及ぶ、日本最大級の木造建築は、奈良『東大寺』の大仏殿に次ぐ規模を誇っているのだそうです。

広い堂内を観るだけでも時間があっという間に過ぎますが、廊下でつながる〈阿弥陀堂〉へと向かいます。

ふたつの広いお堂を結ぶように囲む廊下。実はここにも小さな見どころがあります。それは廊下を修繕する際にはめ込まれた埋め木です。

廊下を歩きながら足元をよく見ると、富士山、瓢箪、梅の花、茄子などなど、愛らしい意匠の埋め木に目が留まります。きっと大工さんの遊び心が生み出した細工なのでしょう。廊下のあちこちに点在していて、これを探すのも愉しいものです。

足元をよく見てみたいのは、〈御影堂〉前にある〈用水枡〉も同じです。四隅の土台を天邪鬼が必死で支えているのです。そのユーモラスな表情は、それぞれ異なり、ふたつの〈用水枡〉に八つの天邪鬼が居ます。

もうひとつ。『西本願寺』で忘れてならないのは、寺の南西側にある〈唐門〉です。唐破風の門は、伏見城から移築されたもので、別名を〈日暮らし門〉といいます。日がな一日見ていても見飽きることがなく、すぐに日が暮れてしまうという意味なのですが、残念なことに二〇二二年の春までは修復中で、その美しさを隠しているのです。修復が終わるのを愉しみに待つことにしましょう。

まだまだ見どころのある『西本願寺』ですが、『東本願寺』も少しご紹介しておきます。と言っても、お寺そのものではなく、飛地境内地にあたる『渉成園』のほうです。

京都駅から烏丸通を北へ歩き、正面通を東へ入り、突き当たったところにあるのが『渉成園』。伸び伸び伸びとした日本庭園です。

三代将軍家光が寄進した土地に、石川丈山の趣向を取り入れて庭を作ったものです。周りに枳殻《からたち》の木が植えられていたことから〈枳殻亭〉とも呼ばれていました。『渉成園』十三景と呼ばれる景色や、敷地内に点在する、少しばかり風変わりな建物など、どことなく江戸名所を思わせる眺めが愉しい庭園です。源氏物語にゆかりがありながら、京都タワーが借景になるという、不思議な庭をぜひ歩いてみてください。

本書に登場する店・神社仏閣・名勝地リスト

＊営業時間・拝観時間・定休日は変更の可能性があります。

第一章

3 洛北花脊『美山荘』に泊まる

美山荘《みやまそう》
京都市左京区花脊原地町375
075-746-0231

4 洛陽十二支妙見を回る

善行院《ぜんぎょういん》
京都市上京区妙顕寺前町514
075-451-4182

本満寺《ほんまんじ》
京都市上京区寺町通今出川上る2丁鶴山町16
075-231-4784

道入寺《どうにゅうじ》
京都市左京区修学院茶屋ノ前町2
075-781-4886

霊鑑寺《れいかんじ》
京都市左京区鹿ヶ谷御所ノ段町12
075-771-4040

満願寺《まんがんじ》
京都市左京区岡崎法勝寺町130
075-771-4874

日體寺《にったいじ》
京都市東山区清水四丁目151
075-561-1248

本教寺《ほんきょうじ》
京都市伏見区東大手町778
075-601-2237

法華寺《ほっけじ》
京都市下京区西新屋敷中之町108
075-361-0783

慈雲寺《じうんじ》
京都市下京区藪之内町627 松原町五条下ル
075-341-7772

常寂光寺《じょうじゃっこうじ》
京都市右京区嵯峨小倉山小倉町3
075-861-0435

三宝寺《さんぼうじ》
京都市右京区鳴滝松本町32
075-462-6540
HP http://www.sanbouji-kyoto.or.jp/

圓成寺《えんじょうじ》
京都市北区鷹峯北鷹峯町24
075-491-1496

5 『六曜社珈琲店』で珈琲とドーナツを味わう

六曜社《ろくようしゃ》珈琲店
京都市中京区河原町三条下ル大黒町40
一階店〜喫煙〜
075-221-3820
8時30分〜22時30分
休 水曜日
地下店〜禁煙〜
075-241-3026
12時〜23時
(喫茶タイム)
12時〜18時

（喫茶＋BARタイム）
18時〜23時
休 水曜日

6
『幸神社』で
神猿と出会う

幸神社《さいのかみのやしろ》
京都市上京区寺町通今出川上る西入幸神町303
075-231-8774
10時〜16時
休 不定休

7
『河井寛次郎記念館』で
民藝の心に触れる

河井寛次郎記念館《かわいかんじろうきねんかん》
京都市東山区五条坂鐘鋳町569
075-561-3585
10時〜17時
休 月曜日休館（祝日は開館、翌日休館、夏期・冬期休館あり）
HP http://www.kanjiro.jp/

8
『将軍塚青龍殿』の
舞台から京の街を
見下ろす

将軍塚青龍殿
京都市山科区厨子奥花鳥町28
9時〜17時
HP http://www.shogunzuka.com/

9
『護王神社』で〈四神相応〉を知る

護王神社《ごおうじんじゃ》
京都市上京区烏丸通下長者町下ル桜鶴円町385
075-441-5458
6時〜21時
HP http://www.goojinja.or.jp/

10
『くらま温泉』で
身も心も癒す

くらま温泉
京都市左京区鞍馬本町520
075-741-2131
HP http://www.kurama-onsen.co.jp

11
『賀茂川』を
歩いて健康になる

下鴨神社
京都市左京区下鴨泉川町59
075-781-0010
6時30分〜17時
HP https://www.shimogamo-jinja.or.jp/

12
『三福』で鴨川のせせらぎを枕に床に就く

三福《みふく》
京都市中京区先斗町三条下ル若松町140
075-221-5696
HP https://www.kyoto-mifuku.jp/

14
『京都府立植物園』で
四季の樹々や草花を
愛でる

京都府立植物園
京都市左京区下鴨半木町
075-701-0141
9時から17時まで（入園は16時まで）
HP https://www.pref.kyoto.jp/plant/

半木《なからぎ》神社（流木神社）
京都市左京区下鴨半木町
京都府立植物園内

上賀茂神社
京都市北区上賀茂本山339
075-781-0011
HP https://www.kamigamojinja.jp/

第二章

15 京都のうどんは出汁が主役である

殿田食堂
- 京都市南区東九条上殿田町15
- 075‐681‐1032
- 11時〜17時30分
- 休 不定休

16 京都の小粋な割烹を探す

八条口燕en
- 京都市南区東九条西山王町15‐2
- 075‐691‐8155
- 17時30分〜23時
- 休 日曜日

17 極上の割烹を満喫する

浜作《はまさく》
- 京都市東山区祇園八坂鳥居前下ル下河原町498
- 075‐561‐0330
- 075‐561‐1693
- 17時〜不定
- 休 水曜日・毎月最終火曜日

二条有恒《にじょうありつね》
- 京都市中京区二条通寺町西入丁子屋町694‐3
- 075‐212‐7587
- HP http://aritsune.jp/

和食庵さら
- 京都市北区小山初音町9
- 075‐496‐1155
- 12時〜14時
- 17時30分〜20時（最終入店）
- 休 月曜日（祝日の場合は翌日火曜日）

千ひろ
- 京都市東山区祇園町北側279‐8
- 075‐561‐6790
- 12時〜13時 ※予約のみ
- 17時〜20時30分
- 休 月曜日

18 京ならではの料亭に足を踏み入れる

祇園丸山
- 京都市東山区祇園町南側570‐171
- 075‐525‐0009
- 11時〜13時30分
- 17時〜19時30分
- 休 水曜
- HP https://gionmaruyama.com/

建仁寺祇園丸山
- 京都市東山区建仁寺南側
- 075‐561‐9990
- 11時〜13時30分
- 17時〜19時30分
- 休 不定休あり

清和荘《せいわそう》
- 京都市伏見区深草越後屋敷町8番地
- 075‐641‐6238
- 12時〜22時
- 12時〜15時30分
- 18時〜22時
- 休 月曜日（月曜が祝日の場合は営業、翌火曜休み）年末年始休み・夏休み・春休みあり）
- HP http://www.seiwasou.com/sp/

19 老舗料亭で日本文化を探訪する

下鴨《しもがも》茶寮《さりょう》
- 京都市左京区下鴨宮河町62
- 075‐701‐5185
- 昼11時30分〜15時
- 夜17時〜21時
- 休 火曜日

20 京都のお弁当を携えて出かける

辻留《つじとめ》
京都市東山区三条通大橋東入三町目16
075-761-7619
9時～18時
休 不定休
HP http://www.tsujitome.com/

菱岩《ひしいわ》
京都市東山区新門前通大和大路東入ル西之町213
075-561-0413
11時30分～19時
休 日曜日、第2・最終月曜（不定休あり）
HP https://hishiiwa.com/ja/

21 京都の豆腐は水が違う

嵯峨豆腐森嘉《さがとうふもりか》
京都市右京区嵯峨釈迦堂藤ノ木町42
9時～17時
休 火曜日
075-872-3955
HP http://sagatofu-morika.co.jp/

とようけ屋山本
京都市上京区七本松一条上ル滝ケ鼻町429-5
7時～18時
休 無休
075-462-1315
HP http://www.toyoukeya.co.jp/

入山豆腐店《いりやまとうふてん》
京都市上京区東魚屋町347
075-872-3955
木曜日、金曜日、土曜日
10時～18時

西山艸堂《せいざんそうどう》
京都市右京区嵯峨天龍寺芒ノ馬場町63
075-861-1609
11時30分～17時
休 水曜日

平野屋
京都市右京区嵯峨鳥居本仙翁町16
075-861-0359
11時30分～21時
休 無休
HP http://ayuchaya-hiranoya.com/info/

22 『野呂本店』で京漬物を買う

野呂本店
京都市上京区寺町通今出川上る立本寺前町77
0120-33-0749
9時～18時
休 1月1日～4日
HP http://www.norohonten.co.jp/

23 京都の和菓子はバリエーションで華やぐ

末富《すえとみ》
京都市下京区松原通室町東入
（本店）075-351-0808
9時～17時
休 日曜日・祝日
HP https://www.kyoto-suetomi.com/shop/

松屋常盤《まつやときわ》
京都市中京区堺町通丸太町下ル橋町83
075-231-2884
9時～17時
休 定休日なし

紫野源水《むらさきのげんすい》
京都市北区小山西大野町78-1
075-451-8857
9時30分～18時30分
休 日曜日、祝日

神馬堂《じんばどう》
京都市北区上賀茂御薗口町4
075-781-1377
7時～16時（売り切れ次第閉店）

休 火曜日の午後・水曜

出町ふたば

京都市上京区出町通り今出川上ル青竜町236
075-231-1658
8時30分〜17時30分
休 毎週火曜日と第4水曜日（祝日の場合は翌日）

大黒屋鎌餅本舗

京都市上京区寺町通今出川上る4丁目西入ル阿弥陀寺前町25
075-231-1495
8時30分〜20時
休 第2・4水曜日

澤屋

京都市上京区北野天満宮前西入紙屋川町838-7
075-461-4517
9時〜17時
休 木曜日・毎月26日

嘯月《しょうげつ》

京都市北区紫野上柳町6
075-491-2464
9時〜17時　完全予約制
休 日曜・祝日

第二章

24　京の洋食新時代を感じる

食堂デイズ

京都市下京区河原町通四条下ル2丁目稲荷町330-3　しきさい河原町ビル2F
075-744-0191
11時30分〜14時30分
18時〜21時30分
休 水曜・木曜

料理・ワイン　イバラキ

京都市中京区丸太町通高倉西入坂本町701
075-211-5030
11時30分〜14時30分
17時30分〜23時

25　京の洋食、名物料理を発見する

キッチンゴン西陣店

京都市上京区下立売通大宮西入浮田町613
075-801-7563
月〜金11時〜14時30分、17時〜21時30分
土日祝11時〜21時30分
休 水曜日

のらくろ

京都市左京区下鴨宮崎町69
075-781-2040
11時30分〜13時45分
17時30分〜20時
休 火・水曜

洋食の店みしな

京都市東山区高台寺二年坂畔
075-551-5561
12時〜14時30分
17時〜19時30分
休 水曜日・第1・3木曜（祝日の場合は翌日）

ビフテキスケロク

京都市北区衣笠高橋町1-1-26
075-461-6789
11時30分〜14時
17時30分〜20時30分
休 木曜・不定

26　京都人の牛肉好きに倣う

天壇《てんだん》祇園本店

京都市東山区宮川筋1丁目225
050-3185-6629
月曜日〜金曜日　17時〜24時

土曜日、日曜日、祝日
11時30分～24時
休 無休
HP https://www.tendan.co.jp/gion/

27 「京都人の傍らにはいつも牛肉」を体験する

ミートショップヒロ
京都市中京区壬生朱雀町2－10
075－811－4129
9時～19時
休 無休
HP https://www.meatshop-hiro.com/

京の焼肉処 弘 八条口店
京都市南区竹田街道東寺道下ル
075－662－1129
17時～24時
休 12月31日・1月1日
HP https://yakiniku-hiro.com/

京やきにく弘 八坂邸
京都市東山区東大路通八坂西入ル
075－525－4129
17時～24時
休 12月31日・1月1日
HP https://yakiniku-hiro.com/

焼肉 弘商店 烏丸錦
京都市中京区烏丸通錦小路東入ル
075－253－0298
11時30分～22時
休 12月31日・1月1日
HP https://yakiniku-hiro.com/

十二段家本店
京都市東山区祇園町570－128
075－561－0213
11時30分～LO 13時30分、17時～LO 20時※小学生（12歳）以下入店不可
休 木・第3水曜日
HP http://junidanya-kyoto.com/

28 京都の寿司のみならず江戸前も人気

いづ重《じゅう》
京都市東山区祇園町北側292－1
075－561－0019
10時30分～19時
休 水曜日（祝日の場合は翌日）
HP http://gion-izuju.com/

満寿形屋《ますがたや》
京都市上京区桝形通出町西入ル二神町179
075－231－4209
12時～18時
休 水曜日、不定休

京のすし処 末廣
京都市中京区寺町通二条上る要法寺前町711
075－231－1363
11時～19時（売切れ次第閉店）
休 月曜日

鮨まつもと
京都市東山区祇園町南側570－123
075－531－2031
12時～14時
17時～23時
休 不定休

ひご久
京都市下京区仏光寺柳馬場西入東前町402
075－353－6306
18時～22時
休 日曜日

鮨かわの
京都市左京区下鴨東半木町72－8
075－701－4867
火曜日 17時30分～20時
水～日 12時～14時
17時30分～20時
休 月曜日

29 バラエティ豊かな京都のタマゴランチ

ひさご
京都市東山区下河原通八坂鳥居前下ル下河原町484
050-5485-8128
火～木・土・日・祝日 11時30分～19時
休 月曜日・金曜日（月曜日祝日の場合営業、翌日休み　金曜日祝日の場合営業、前日休み）

西陣鳥岩楼《にしじんとりいわろう》
京都市上京区五辻通智恵光院西入ル五辻町75
075-441-4004
12時～14時
17時～20時
休 木曜（祝日の場合営業）

ますや
京都市下京区杉屋町265
075-351-3045
月～金　11時～18時30分
土　11時～17時
休 日曜日・祝日

30 京都らしい多様なカレーが盛りだくさん

たつ兵
京都市北区小山初音町16-4
075-491-8972
11時～20時
休 日曜日

ビィヤント
京都市左京区東大路通丸太町上ル東側聖護院西町12
075-751-7415
11時～22時
休 土曜日

喫茶チロル
京都市中京区門前町539-3
075-821-3031
8時～16時
休 日曜日・祝日

篠田屋
京都市東山区三条通大橋東入大橋町111
075-752-0296
11時～15時
16時30分～19時
※金曜日は15時閉店
休 土曜日

柳園《りゅうえん》
京都市上京区烏丸通上立売上ル柳図子町334
075-432-1896
11時30分～14時
17時～20時30分
休 日曜、祝日

31 京都はラーメンより中華そば

めん房やまもと
京都市中京区新町通四条上る東入観音堂町473
075-255-0856
平日　11時～20時（しばらく19時まで）
土　11時～14時（しばらく土曜不定休）
休 日曜日・祝日・第3土曜日

32 さまざまに展開する京都の餃子

ミスター・ギョーザ
京都市南区唐橋高田町42
075-691-1991
11時30分～20時30分（ギョーザ売り切れ次第閉店）
休 木曜日
HP https://www.mr-gyo-za.com/

泉門天《せんもんてん》
京都市東山区新橋通大和大路東入二丁目清本町380-3竹会館一階
075-532-0820
店内飲食　18時〜翌1時
テイクアウト　14時〜24時30分
休 日曜日

マルシン飯店
京都市東山区東大路三条下る南西海子町431-3
075-561-4825
11時〜翌6時
休 火曜日
HP https://marushinhanten.com/

杏っこ
京都市中京区恵比須町442-1　ル・シゼームビル2F
075-211-3801
平日　18時〜23時
土日祝　17時〜23時
売り切れ終了の場合あり
休 月曜日＋不定休あり
HP https://anzukko.com/

33 京都の居酒屋でまったりする

神馬《しんめ》
京都市上京区千本通中立売上る西側玉屋町38
075-461-3635
17時〜21時30分
休 日曜日

先斗町ますだ
京都市中京区先斗町四条上ル下樵木町200
075-221-6816
17時〜22時
休 日曜日

赤垣屋
京都市左京区孫橋町9
075-751-1416
17時〜23時
休 日曜日・日曜日に続く祝日

聖《しょう》護《ご》院《いん》嵐《らん》まる
京都市左京区聖護院山王町28-58
075-761-7738
17時30分〜翌0時
休 月曜日

第四章

35 『伏見稲荷大社』の千本鳥居を本気でくぐる

伏見稲荷大社
京都市伏見区深草藪之内町68番地
075-641-7331
HP http://inari.jp/

36 『千本釈迦堂』で古色に酔う

千本《せんぼん》釈迦《しゃか》堂《どう》
京都市上京区七本松通今出川上ル
075-461-5973
9時〜17時（本堂・霊宝殿は16時30分）
HP http://www.daihoonji.com/

37 鷹峯『常照寺』で吉野太夫の悲恋を想う

常《じょう》照《しょう》寺《じ》
京都市北区鷹峯北鷹峯町一番地
075-492-6775
8時30分〜17時
HP http://tsakae.justhpbs.jp/joshoji/

38 お寺の窓は隠れた見どころ

祇王寺《ぎおうじ》
京都市右京区嵯峨鳥居本小坂町32
075-861-3574
9時～17時
HP http://www.giouji.or.jp/

源光庵《げんこうあん》
京都府京都市北区鷹峯北鷹峯町47
075-492-1858
拝観を長期休止中。拝観再開予定二〇二一年秋頃

建仁寺《けんにんじ》
京都市東山区大和大路四条下ル小松町584
075-561-6363
10時～17時
HP https://www.kenninji.jp/info/

地蔵院《じぞういん》
京都市西京区山田北ノ町23
075-381-3417
9時～16時30分
HP http://takenotera-jizoin.jp/access/

39 『東寺』のお奨めは三つの小さなお堂

東寺《とうじ》
京都市南区九条町1番地
075-691-3325
HP https://toji.or.jp/smp/access/

40 西賀茂界隈を逍遥する

神光院《じんこういん》
京都市北区西賀茂神光院町12
075-491-4375
6時30分～17時

大将軍神社
京都市北区西賀茂角社町129

パティスリー菓欒《からん》
京都市北区西賀茂坊ノ後町15
075-495-0094
10時～18時
休 火曜日（不定休あり）
HP https://www.patisserie-karan.jp/

41 小野篁ゆかりの「この世とあの世」の境

六道珍皇寺《ろくどうちんのうじ》
京都市東山区大和大路通四条下ル4丁目小松町595
075-561-4129
9時～16時
休 12月28日～31日のみ休
HP http://www.rokudou.jp/

千本ゑんま堂引接寺《いんじょうじ》
京都市上京区千本通蘆山寺上ル閻魔前町34番地
075-462-3332
HP http://yenmado.blogspot.com/?m=1

42 洛陽天満宮二十五社を巡拝する

菅大臣天満宮《かんだいじんてんまんぐう》
京都市下京区仏光寺通新町西入菅大臣町
075-351-6389
休 無休

北野天満宮
京都市上京区馬喰町北野天満宮社務所
075-461-0005
HP https://kitanotenmangu.or.jp/

水火天満宮《すいかてんまんぐう》
京都市上京区堀川通上御霊前上ル扇町722-10（堀川通寺ノ内上ル）
075-451-5057
HP http://suikatenmangu.com

43 洛北大原で平家の悲哀を思う

三千院

京都市左京区大原来迎院町540

075-744-2531

9時〜17時（11月…8時30分〜17時、12月〜2月…9時〜16時30分）

休 無休

HP http://www.sanzenin.or.jp/

寂光院《じゃっこういん》

京都市左京区大原草生町676

075-744-3341

3月1日〜11月30日
9時〜17時
12月1日〜12月31日
9時〜16時30分
1月1日〜1月3日
10時〜16時
1月4日〜2月28日（29日）9時〜16時30分

HP http://www.jakkoin.jp/

里の駅大原

京都市左京区大原野村町1012番地

075-744-4321

旬菜市場（産直品販売）
9時〜16時30分
花むらさき（レストラン）
9時〜16時
※日曜のみ7時30分〜16時
日曜ふれあい朝市
日曜朝6時〜9時

HP http://www.satonoeki-ohara.com/hanamurasaki/

野むら山荘

京都市左京区大原野村町236

075-744-3456

12時〜15時
17時30分〜21時

44 嵐電を乗りこなす

木島坐天照御魂神社《このしまにますあまてるみたまじんじゃ》（蚕《かいこ》の社《やしろ》）

京都市右京区太秦森ヶ東町50

075-861-2074

広隆寺《こうりゅうじ》

京都市右京区太秦蜂岡町32

075-861-1461

9時〜17時
拝観終了12月〜2月末は16時30分
元日のみ10時〜16時30分

天龍寺《てんりゅうじ》

京都市右京区嵯峨天龍寺芒ノ馬場町68

075-881-1235

（庭園）8時30分〜17時30分（10月21日〜3月20日は17時まで）、北門は9時〜17時（10月21日〜3月20日は16時30分まで）

HP http://www.tenryuji.com/about/

45 『京都御苑』を歩く

京都御苑《きょうとぎょえん》

京都市上京区京都御苑3

075-211-6348

HP https://www.env.go.jp/garden/kyotogyoen/

46 御霊鎮めの神社を拝む

御霊神社《ごりょうじんじゃ》

京都市上京区上御霊前通烏丸東入ル上御霊竪町495番地

075-441-2260

午前9時〜午後5時まで（季節により変更あり）

岩上神社《いわがみじんじゃ》
京都市上京区浄福寺通上立売大黒町

命《みょう》婦《ぶ》稲荷《いなり》社《しゃ》
京都市下京区堺町通松原下る鍛冶屋町

貴船神社《きふねじんじゃ》
京都市左京区鞍馬貴船町180
075-741-2016
HP http://kifunejinja.jp/

47 京都の庭園で哲学する

龍安寺《りょうあんじ》
京都市右京区龍安寺御陵下町13
075-463-2216
3月1日～11月30日 8時～17時
12月1日～2月末日 8時30分～16時30分

48 東と西 ふたつの本願寺

西本願寺（龍谷山本願寺）
京都市下京区堀川通花屋町下る本願寺門前町
075-371-5181
HP https://www.hongwanji.kyoto/

東本願寺
京都市下京区烏丸通七条上る
075-371-9181

渉成園《しょうせいえん》
京都市下京区下珠数屋町通間之町東入東玉水町
075-371-9210

写真協力
河原町商店街振興組合
河井寛次郎記念館
日路井 大介
https://photo53.com/
大平印刷株式会社

著者略歴

柏井 壽（かしわい・ひさし）

1952年京都府生まれ。大阪歯科大学卒業後、京都で歯科医院を開業するかたわら、京都の魅力を伝えるエッセイや各地の旅行記、京都を舞台とした小説を執筆。テレビ・雑誌で京都特集の監修を務めるなど、「京都のカリスマ案内人」とも称されている。小説にテレビ化もされた「鴨川食堂」シリーズほか、「京都下鴨なぞとき写真帖」シリーズ、『祇園白川 小堀商店　レシピ買います』『海近旅館』など。エッセイに『おひとり京都の愉しみ』『極みのローカルグルメ旅』、『極みの京都』『京都の路地裏』ほかベストセラー多数。

SB新書　537

おひとりからのひみつの京都《きょうと》

カリスマ案内人《あんないにん》が教《おし》える48の歩《ある》き方《かた》

2021年 3月15日　初版第1刷発行

著　者　柏井《かしわい》 壽《ひさし》

発行者　小川 淳

発行所　SBクリエイティブ株式会社

〒106-0032　東京都港区六本木2-4-5

電話：03-5549-1201（営業部）

装　幀　長坂勇司（nagasaka design）

本文デザイン
D T P　荒井雅美（トモエキコウ）

編　集　山下美樹子（SBクリエイティブ）

JASRAC　出 2101251-101

印刷・製本　大日本印刷株式会社

本書をお読みになったご意見・ご感想を下記URL、
または左記QRコードよりお寄せください。

https://isbn2.sbcr.jp/08170/

落丁本、乱丁本は小社営業部にてお取り替えいたします。定価はカバーに記載されております。本書の内容に関するご質問等は、小社学芸書籍編集部まで必ず書面にてご連絡いただきますようお願いいたします。

ISBN 978-4-8156-0817-0